本书是北京市优秀人才青年拔尖团队项目（项目编号：2017000026833TD01）的阶段性成果

中国数字化指数报告

REPORT ON CHINA'S DIGITAL INDEX

范合君　吴婷　王思雨　杜文舍◎著

图书在版编目（CIP）数据

中国数字化指数报告/范合君等著.—北京：经济管理出版社，2020.11
ISBN 978 - 7 - 5096 - 7663 - 9

Ⅰ.①中…　Ⅱ.①范…　Ⅲ.①信息经济—经济发展—研究报告—中国　Ⅳ.①F492

中国版本图书馆 CIP 数据核字（2020）第 245359 号

组稿编辑：范美琴
责任编辑：范美琴　丁光尧
责任印制：任爱清
责任校对：陈　颖

出版发行：经济管理出版社
　　　　　（北京市海淀区北蜂窝 8 号中雅大厦 A 座 11 层　100038）
网　　址：www.E - mp.com.cn
电　　话：（010）51915602
印　　刷：唐山昊达印刷有限公司
经　　销：新华书店
开　　本：720mm×1000mm/16
印　　张：11
字　　数：147 千字
版　　次：2020 年 12 月第 1 版　2020 年 12 月第 1 次印刷
书　　号：ISBN 978 - 7 - 5096 - 7663 - 9
定　　价：68.00 元

·版权所有　翻印必究·
凡购本社图书，如有印装错误，由本社读者服务部负责调换。
联系地址：北京阜外月坛北小街 2 号
电话：（010）68022974　邮编：100836

前　言

数字化已经渗透于我国各个行业，成为经济高质量增长的主要动力。其对于促进企业转型升级、重塑经济发展策略、培育经济发展新增长点、构建新兴产业等都有着重要的作用。

为了对我国数字化发展进程有一个清晰客观的测度评价，本书首先以马克思主义政治经济学作为理论基础，结合我国数字化发展实践，从生产、分配、交换和消费四个维度构建指标评价体系。其次，以各个维度为出发点，确定了每个维度所包含的基础指标。在基础指标的选取中以全面性、准确性和可靠性为基本原则，保证每个指标都具有良好的代表性，在此基础上共选取了23个基础指标。再次，通过主成分分析法与专家打分法确定指标体系的权重。最后，得出生产数字化、消费数字化、流通数字化、政府数字化四个维度，并进一步细分为23个基础指标的指标体系，该指标体系为后续的剖析、评价打下了坚实基础。在指标体系构建完成的基础上，本书对我国数字化程度进行了测度评估。首先是对我国数字化总体发展概况的测度评价，主要包括两个方面：一是我国在分项数字化之间发展程度的横向比较，二是我国数字化发展趋势在时间轴上的纵向比较。其次，对我国各省份的数字化进程进行测度比较，对各省级行政区在数字化各个方面的发展现状在全国所处地位进行评估。最后，从三个方面来阐述其数字化发展进程与趋势，包括：①各省份与其他省份行政区之间数字化水平的横向比较；②各省份分项数字化进程之间的横向比较；③各省份在时间轴上与自身数字化发展历程的纵向比较。在对各省份的数字化进程进行一系列的横向与纵向比较以后，结合各省份自身数字化发展成就与趋势得出相应的结论并提出进一步提升的建议。

希望本书能为我国数字化的发展研究做出一定的贡献，本课题组也将持续地关注数字化发展前景与提升趋势。

目 录

导论　中国数字化程度测度与指标体系构建 ······················ 1

　　一、问题提出 ·· 1
　　二、文献综述 ·· 2
　　三、数字化程度测度指标体系构建 ································· 5
　　四、我国数字化进程总体评价 ······································ 11

1　浙江省 ·· 19

　　一、各指标体系得分及排名 ··· 19
　　二、生产数字化指数 ··· 22
　　三、消费数字化指数 ··· 23
　　四、流通数字化指数 ··· 24
　　五、政府数字化指数 ··· 25

2　广东省 · 26

一、各指标体系得分及排名 · 26

二、生产数字化指数 · 29

三、消费数字化指数 · 30

四、流通数字化指数 · 31

五、政府数字化指数 · 32

3　江苏省 · 33

一、各指标体系得分及排名 · 33

二、生产数字化指数 · 36

三、消费数字化指数 · 37

四、流通数字化指数 · 38

五、政府数字化指数 · 39

4　北京市 · 40

一、各指标体系得分及排名 · 40

二、生产数字化指数 · 43

三、消费数字化指数 · 44

四、流通数字化指数 · 45

五、政府数字化指数 · 46

5　上海市 · 47

一、各指标体系得分及排名 · 47

目 录

  二、生产数字化指数 ·· 50
  三、消费数字化指数 ·· 51
  四、流通数字化指数 ·· 52
  五、政府数字化指数 ·· 53

6 山东省 ·· 54
  一、各指标体系得分及排名 ································ 54
  二、生产数字化指数 ·· 57
  三、消费数字化指数 ·· 58
  四、流通数字化指数 ·· 59
  五、政府数字化指数 ·· 60

7 福建省 ·· 61
  一、各指标体系得分及排名 ································ 61
  二、生产数字化指数 ·· 64
  三、消费数字化指数 ·· 65
  四、流通数字化指数 ·· 66
  五、政府数字化指数 ·· 67

8 四川省 ·· 68
  一、各指标体系得分及排名 ································ 68
  二、生产数字化指数 ·· 70
  三、消费数字化指数 ·· 71
  四、流通数字化指数 ·· 72

五、政府数字化指数 ·· 73

9　安徽省 ··· 75

　　一、各指标体系得分及排名 ······································· 75
　　二、生产数字化指数 ·· 78
　　三、消费数字化指数 ·· 79
　　四、流通数字化指数 ·· 80
　　五、政府数字化指数 ·· 81

10　湖北省 ·· 82

　　一、各指标体系得分及排名 ······································· 82
　　二、生产数字化指数 ·· 85
　　三、消费数字化指数 ·· 86
　　四、流通数字化指数 ·· 87
　　五、政府数字化指数 ·· 87

11　河北省 ·· 89

　　一、各指标体系得分及排名 ······································· 89
　　二、生产数字化指数 ·· 92
　　三、消费数字化指数 ·· 93
　　四、流通数字化指数 ·· 94
　　五、政府数字化指数 ·· 95

目 录

12 重庆市 ·· 96

　　一、各指标体系得分及排名 ·· 96

　　二、生产数字化指数 ·· 98

　　三、消费数字化指数 ·· 99

　　四、流通数字化指数 ·· 100

　　五、政府数字化指数 ·· 101

13 贵州省 ·· 103

　　一、各指标体系得分及排名 ·· 103

　　二、生产数字化指数 ·· 105

　　三、消费数字化指数 ·· 106

　　四、流通数字化指数 ·· 107

　　五、政府数字化指数 ·· 108

14 湖南省 ·· 109

　　一、各指标体系得分及排名 ·· 109

　　二、生产数字化指数 ·· 112

　　三、消费数字化指数 ·· 112

　　四、流通数字化指数 ·· 113

　　五、政府数字化指数 ·· 114

15 江西省 ·· 115

　　一、各指标体系得分及排名 ·· 115

二、生产数字化指数 ··· 118

三、消费数字化指数 ··· 119

四、流通数字化指数 ··· 120

五、政府数字化指数 ··· 121

16 辽宁省 122

一、各指标体系得分及排名 ··· 122

二、生产数字化指数 ··· 125

三、消费数字化指数 ··· 126

四、流通数字化指数 ··· 127

五、政府数字化指数 ··· 128

17 广西壮族自治区 129

一、各指标体系得分及排名 ··· 129

二、生产数字化指数 ··· 132

三、消费数字化指数 ··· 133

四、流通数字化指数 ··· 134

五、政府数字化指数 ··· 134

18 河南省 136

一、各指标体系得分及排名 ··· 136

二、生产数字化指数 ··· 139

三、消费数字化指数 ··· 140

四、流通数字化指数 ··· 140

五、政府数字化指数 141

19 天津市 143

一、各指标体系得分及排名 143

二、生产数字化指数 146

三、消费数字化指数 147

四、流通数字化指数 148

五、政府数字化指数 149

20 黑龙江省 150

一、各指标体系得分及排名 150

二、生产数字化指数 153

三、消费数字化指数 154

四、流通数字化指数 155

五、政府数字化指数 156

参考文献 157

后　记 160

导论　中国数字化程度测度与指标体系构建

一、问题提出

数字经济在我国迅猛发展，已成为中国经济增长的新引擎。根据《中国互联网发展报告2019》测算，2018年我国数字经济规模达31.3万亿元人民币。发展数字经济，实施数字化转型，已经成为国家、地方政府和企事业单位的重大战略。如何系统全面评价我国数字化进程？如何测度我国数字化程度？数字化包含哪些维度？不同区域数字化有何差异？这一系列重要现实和理论问题都需要进行研究。

目前，国内外已有一些关于数字化和数字经济的指标体系构建的研究。Brynjolfsson等（2000）认为数字经济的测度由五个方面组成，分别是IT基础设施、电子商务、企业及行业结构、人口统计及劳动力特征、价格行为；美国商务部（VS‐DOC，2003）在对数字经济进行测度时，局限于IT产业，认为数字经济包括软件及服务行业、硬件行业、通信服务行业和通信设备行业四个部分；邹晓鸥等（2014）从信息获取与利用环境、信息主体信息素养、信息利用三个方面的差距来比较城乡数字化建设程度的差距；TUAC（The Trade Union Advisory Commrttec，2016）认为数字经济应该包括两个层面，即数字产品的生产及销售和数字技术在经济部门的应用所带来的雇佣结构、消费及社会方面的变化；唐杰英（2018）从支持数字化的信息和通信技术产业与数字化的影响两个方面来测度数字化。但是这些测度方法都不够全面，不能全面评价我国的数字化发展程度与发展趋势，因而本书重新对我国数字化程度的测度指标进行构建。

本书基于生产—分配—流通—消费的理论视角，从生产数字化（企业）、消费数字化（消费）、流通数字化（交换）和政府数字化四个维度构建指标体系，测度了我国部分省份数字经济指数和数字经济发展态势。

二、文献综述

目前关于数字化的研究大都是研究数字化对某一个行业或领域的影响，以及实体经济在数字化方面的建设水平和应用情况，而鲜有研究从多个方面来详细测度数字化程度的衡量指标。很多关于数字化发展情况的研究是由政府机构和研究院总结公布的，研究主要集中在数字经济、信息技术、生产数字化和数字化成熟度等方面。

（一）数字经济测度

腾讯研究院发布的《数字中国指数报告（2019）》就是从数字中国、数字产业、数字文化和数字政务四个方面来测度中国的数字化发展水平，报告指出用云量显著推进数字化的发展，数字政务在三四线城市的发展较好，互联网产业是数字化背景下最具活力和发展潜力的产业；中国信息通信研究院发布的《中国数字经济发展白皮书（2017）》从数字产业化和产业数字化两个方面来论述数字化的发展。以电子信息设备制造、电子信息设备销售和租赁、电子信息传输服务、计算机服务和软件业、物联网等新型行业来说明数字产业化，以传统产业中与数字技术相融合的部分即数字技术对传统产业增加的边际贡献来说明产业数字化。

（二）信息技术测度

工业和信息化部发布的《2015中国信息经济研究报告》通过计算ICT（Information and Communications Teohnolagy，信息通信技术）的实际投资额及中国ICT的总资本存量、地区资本存量，对网络基础设施、硬件与软件、新兴产业及信息经济应用部分并进行加总，得到中国信息经济总体规模，认为信息技术将是平衡区域经济发展、促进经济结构转型的有力支撑。中国信息通信研究院（2017）通过将各信息产业增加值进行加总，再加上对用GoldSmith方法进行测算得到的数字经济融合部分进行测度，建议国家发展先进的信息技术产业，将数字经济发展的主动权掌握在自己手中。王永进等（2017）和邵文波等（2018）以使用计算机的员工占所有员工的比例来衡量企业的信息技术应用程度；张三峰、魏下海（2018）对问卷选项"从不使用""很少使用""有时使用""经常使用"和"一直使用"依次赋值为"1""2""3""4""5"来度量企业中信息技术的运用情况；程振锋等（2017）使用调查法，利用李克特（Likert）七级量表法，通过便利性、兼容性、社会性影响、使用者革新性、自我效能感、满意度、信任度、使用频度和感知性制度机制9个维度来测度互联网信息技术的使用情况。

（三）生产数字化测度

何帆、刘红霞（2019）以手工收集的数字化转型（Transformation）指标为解释变量，以总资产收益率（Roa）、净资产回报率（Roe）、成本费用率（Costr）、销售毛利率（Gincmrt）、总资产周转率（Totassrat）和创新产出（Innovation）6个指标为被解释变量，认为数字经济为我国实体企业转型升级提供了动力和技术支持，数字化转型显著提升了实体企业经济效益，随着数字经济政策的推进和生产数字化转型的深入，转型企业发生积极变化，业绩提升效果明显；万飞等（2015）用企业税前利润、劳动力投入和资金投入3个指标来测度互联网行业的全要素生产率变化情况；王瑞、董明、侯文皓在2019年通过战略、运营技术、文化组织能力和生态圈4个维度和与业务战略关联性、以长期数字化战略为导向、以实现客户价值为中心、数字化研发、数字化采购、数字化制造、数字化供应链、数字化营销、文化、组织、能力、内部协作和外部适应力13个二级指标运用AHP法和DEMATEL法来测度制造型企业的数字化发展水平。

（四）数字化成熟度测度

已有的关于数字化成熟度的研究（见表0-1）普遍以企业为重点进行测度，如中国电子技术标准化研究院（2016）从设计、生产、物流、销售、服务、资源要素、互联互通、系统集成、信息融合、新兴业态 10 个维度，运用加权平均法来测度企业的数字化成熟度，测度方式不够全面且不能按区域评估其数字化成熟度，因而不适用本书。

表 0-1　数字化成熟度研究

研究者	研究维度	测算方法
Lichtblauk 等（2015）	6 个：战略和组织、智能工厂、高效运营、智能产品、数据驱动服务、员工	百分比法、平均数法
Schumacher 等（2016）	9 个：产品、客户、运营、技术、战略、领导力、治理、文化、人员	李克特量表法
Leyhc 等（2016）	4 个：垂直整合、横向集成、数字化产品开发、横截面技术标准	—
（ACATECH）（2017）	4 个：资源、信息系统、组织架构、文化	—

三、数字化程度测度指标体系构建

（一）数字化测度理论框架

根据马克思主义政治经济学，社会生产和再生产是由生产、分配、交换和消费四个环节构成的有机体系。数字经济、数字化也是社会生产和再生产在现阶段的过程。因此，可以从生产、分配、交换、消费四个维度去分析、刻画、测度数字化程度，具体包括构建具有生产性质的生产数字化来代表生产，具有社会分配属性的政府数字化来代表分配，具有物质资料流通属性的流通数字化来代表交换，具有消费属性的消费数字化来代表消费，如图 0 - 1 所示。

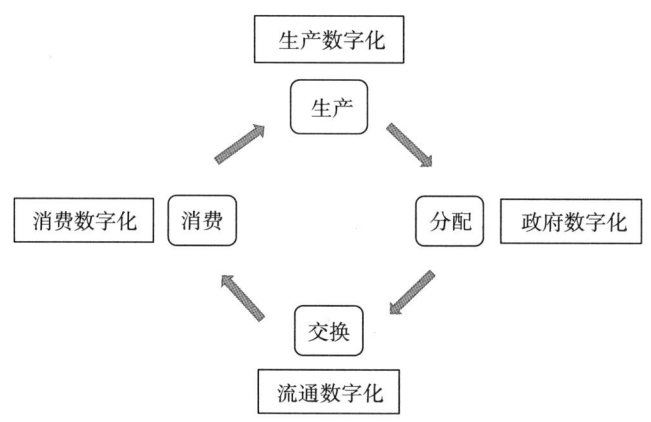

图 0 - 1　数字化的四维测度及其关系

1. 生产数字化（生产环节）

生产数字化是数字经济的起点，生产数字化决定了分配数字化、交换数字化和消费数字化的对象、方式和质量，是起决定作用的环节。数字化生产的主体是企业。因此，测度生产数字化就需要准确测度企业数字化的程度。

2. 消费数字化（消费环节）

消费数字化是数字经济的终点，又是新一轮数字经济的起点。消费的主体是消费者。消费者能否获得数字化产品或服务，获得数字化产品或服务的途径是否便利,能够获得哪些数字化产品或服务,直接决定了消费数字化的质量。因而,需要测度消费数字化的程度。

3. 流通数字化(交换环节)

流通数字化是数字经济的中间环节,是连接生产数字化和消费数字化的纽带,起到交换和中介的作用。电子商务已经成为深刻改变着产品和服务的交换和流通的方式。2018年我国电子商务交易额达31.63万亿元人民币。因此,需要用流通数字化来测度数字经济中交换和流通的规模和便利性。

4. 政府数字化(分配环节)

分配环节是社会化生产和再生产中事关公平效率和可持续发展的关键环节。分配环节的主体是政府。政府的数字化程度将决定社会各主体分享数字经济社会福利的程度及可持续发展。因此,本书主要用政府数字化测度政府方面的数字化程度。

(二)指标体系构建

本书构建数字化相关指标体系时,从生产数字化、消费数字化、流通数字化和政府数字化四个维度出发。用企业ERP普及率指数、企业MES普及率指数等7个指标来测度生产数字化;用移动电话普及率指数、互联网普及率指数等5个指标来测度消费数字化;用电子商务规模指数、电子商务成长指数等7个指标来测度流通数字化;用服务方式完备度指数、服务事项覆盖度指数等4个指标来测度政府数字化,具体指标及说明如表0-2所示。

表 0-2 数字化指标体系与说明

一级指标	二级指标	说明
生产数字化（企业）	企业 ERP 普及率指数	企业资源规划应用
	企业 MES 普及率指数	制造业企业生产过程执行管理系统应用
	企业 PLM 普及率指数	企业产品生命周期管理
	企业 SCM 普及率指数	企业供应链管理应用
	企业装备数控化率指数	数控装备数量/生产装备数量
	中小企业信息化服务平台指数	反映中小企业信息化服务体系建设水平
	重点行业典型企业信息化专项规划指数	制定企业信息化专项规划的企业数/调查企业总数
消费数字化（消费）	移动电话普及率指数	反映居民移动信息化应用水平
	互联网普及率指数	反映互联网在居民生活中的渗透率
	城（省）域网出口带宽指数	反映网络基础设施建设水平
	固定宽带普及率指数	互联网宽带接入用户数/年平均人口
	固定宽带端口平均速率指数	反映用户购买宽带的平均速率
流通数字化（电子商务）	电子商务规模指数	考察各省电子商务的发展规模
	电子商务成长指数	通过增长率考察各省在电子商务方面的预期成长指数
	电子商务渗透指数	考察电子商务与传统产业的融合情况
	电子商务支撑指数	反映各省与电子商务发展相关的保障设施的发展情况
	重点行业典型企业采购环节电子商务应用指数	电子商务产生的采购额占采购总额 30%以上的企业数/调查企业总数
	重点行业典型企业销售环节电子商务应用指数	电子商务产生的销售额占销售总额 30%以上的企业数/调查企业总数
	人均快递量指数	各省份快递总量/各省份年末常住人口
政府数字化	服务方式完备度指数	公众和企业是否可以方便、快捷和准确地找到所需服务
	服务事项覆盖度指数	衡量事项清单和办事指南的发布数量和标准化情况
	办事指南准确度指数	衡量办事指南公布的相关要素信息的准确性
	在线服务成熟度指数	衡量政务服务在线一体化办理程度

（三）数据来源

为了保证数字化指标体系构建的全面性与可比性，本书的样本数据选取 2015 年和 2017 年的相关数据作为样本。其中，企业 ERP 普及率指数、企业 MES 普及率指数、企业 PLM 普及率指数、企业 SCM 普及率指数、企业装备数控化率指数、中小企业信息化服务平台指数、重点行业典型企业信息化专项规划指数、移动电话普及率指数、互联网普及率指数、城（省）域网出口带宽指数、固定宽带普及率指数、固定宽带端口平均速率指数、重点行业典型企业采购环节电子商务应用指数和重点行业典型企业销售环节电子商务应用指数 14 个指标数据来源于工业和信息化部公布的各省（区、市）年度数据；人均快递量指数指标数据来源于国家统计年鉴；电子商务规模指数、电子商务成长指数、电子商务渗透指数和电子商务支撑指数 4 个指标数据来源于电子商务国家工程实验室；服务方式完备度指数、服务事项覆盖度指数、办事指南准确度指数和在线服务成熟度指数 4 个指标数据来源于中央党校（国家行政学院）电子政务研究中心。

（四）指标权重确定

在确定评价体系指标权重时，数字化指标的生产数字化、消费数字化、流通数字化和政府数字化 4 个维度，通过专家打分法，由 5 位专家商议决定其权重。生产数字化的企业 ERP 普及率指数、企业 MES 普及率指数、企业 PLM 普及率指数、企业 SCM 普及率指数、企业装备数控化率指数、中小企业信息化服务平台指数和重点行业典型企业信息化专项规划指数 7 个指标，消费数字化的移动电话普及率指数、互联网普及率指数、城

（省）域网出口带宽指数、固定宽带普及率指数和固定宽带端口平均速率指数 5 个指标，流通数字化的电子商务规模指数、电子商务成长指数、电子商务渗透指数、电子商务支撑指数、重点行业典型企业采购环节电子商务应用指数、重点行业典型企业销售环节电子商务应用指数、人均快递量指数 7 个指标，政府数字化的服务方式完备度指数、服务事项覆盖度指数、办事指南准确度指数和在线服务成熟度指数 4 个指标，均通过主成分分析法确定权重，最终得到的各指标权重如表 0 - 3 所示。

表 0 - 3 数字化指数的一级指标、二级指标的权重

一级指标	一级指标权重	二级指标	二级指标权重
生产数字化	0.3	企业 ERP 普及率指数	0.6707
		企业 MES 普及率指数	0.1175
		企业 PLM 普及率指数	0.1145
		企业 SCM 普及率指数	0.0518
		企业装备数控化率指数	0.0255
		中小企业信息化服务平台指数	0.0151
		重点行业典型企业信息化专项规划指数	0.0049
消费数字化	0.3	移动电话普及率指数	0.1515
		互联网普及率指数	0.0832
		城（省）域网出口带宽指数	0.0285
		固定宽带普及率指数	0.5212
		固定宽带端口平均速率指数	0.2156
流通数字化	0.3	电子商务规模指数	0.7418
		电子商务成长指数	0.1336
		电子商务渗透指数	0.0704
		电子商务支撑指数	0.0305
		重点行业典型企业采购环节电子商务应用指数	0.0138
		重点行业典型企业销售环节电子商务应用指数	0.0058
		人均快递量指数	0.0041

续表

一级指标	一级指标权重	二级指标	二级指标权重
政府数字化	0.1	服务方式完备度指数	0.7190
		服务事项覆盖度指数	0.1307
		办事指南准确度指数	0.0899
		在线服务成熟度指数	0.0604

四、我国数字化进程总体评价

（一）省级数字化评价

基于指标评价体系，本书对我国 31 个省份在 2015 年和 2017 年的数字化进程做出评价，表 0-4 列出了部分省份的评价结果。

表 0-4 部分省份数字化指数得分与排名

省份	2015 年数字化		2017 年数字化	
	得分	排名	得分	排名
浙江	82.77	1	92.23	1
广东	82.49	2	90.56	2
江苏	73.08	4	82.27	3
北京	72.67	5	77.90	4
上海	73.67	3	76.31	5
山东	62.05	7	75.86	6
福建	65.69	6	75.59	7

续表

省份	2015 年数字化		2017 年数字化	
	得分	排名	得分	排名
四川	59.06	8	68.96	8
安徽	57.90	10	67.96	9
湖北	58.05	9	66.44	10
河北	56.35	11	64.37	11
重庆	53.56	14	62.81	12
贵州	52.06	18	62.62	13
湖南	54.24	12	62.33	14
江西	49.61	21	61.79	15
辽宁	54.11	13	61.03	16
广西	53.11	17	60.65	17
河南	50.82	20	60.04	18
天津	53.11	16	59.40	19
黑龙江	53.50	15	59.28	20
全国均值	55.31	—	64.05	—

相比 2015 年我国各省份的数字化水平，2017 年各省份的数字化水平都有显著的提高（见图 0-2）。如浙江省 2015 年数字化得分为 82.77，远超全国均值 55.31，2017 年得分为 92.23，远超全国均值 64.05，增长率为 11.42%；广东省 2015 年数字化得分为 82.49，2017 年得分为 90.56，增长率为 9.78%；山东省 2015 年数字化得分为 62.05，2017 年得分为 75.86，增长率高达 22.26%。说明 2017 年我国部分省份的数字化水平得到了显著提升且提升幅度较大，数字化进程取得了显著成效。总体来说，我国数字化建设进步趋势明显，无论是数字化领先省份还是数字化潜力省份都保持增长态势，领先区域仍然保持良好的增长趋势，潜力省份努力推进，实现数字化的可持续增长。

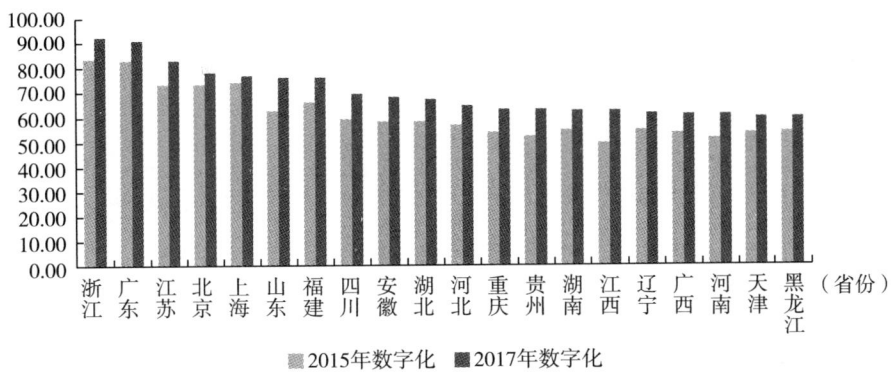

图 0-2 2015 年、2017 年我国部分省份数字化指数得分比较

(二) 区域数字化评价

按照地域位置分布将全国 31 个省份分为东北、西北、西南、华北、东南五个区域。其中，东北包括黑龙江省、辽宁省、吉林省 3 个省；西北包括陕西省、甘肃省、宁夏、青海省、新疆 5 个省份；西南包括西藏、云南省、四川省、贵州省、重庆市 5 个省份；华北包括内蒙古、山西省、北京市、天津市、河北省 5 个省份；东南包括山东省、江苏省、上海市、安徽省、河南省、湖北省、湖南省、江西省、福建省、浙江省、广西壮族自治区、广东省、海南省 13 个省份。为了便于各区域指标之间具有可比性，对每个区域所包括省份数字化程度两年的数据求平均值之后进行标准化处理，考察这五个区域在总体数字化、生产、消费、流通和政府等方面的建设水平。

在数字化方面，总体来说水平最高的是东南区域，为 1.55，其中包括"江浙沪"等网购大省，也包括山东、河南等工业大省，因而得分最高，华北排名第二，为 0.27，数字化建设水平得分最低的是西北，为 -1.10。

在生产数字化方面，东南具有绝对优势，为1.29，为东北的3.02倍，且只有东南和东北的值为正，西北最低，仅为-1.45；在消费方面，华北值最高，为1.01，仅有华北和东南为正，西南最低，为-1.35；在流通方面，依旧是东南得分最高，为1.59，华北其次，为0.26，西北作为偏远地区仅为-0.88，包括"江浙沪"等电商大省的东南区域依旧引领着数字化的发展；在政府方面，仅东南和西北为正值，分别为1.60和0.16，华北最低，为-0.95（见图0-3）。总体来说，华北和东南排名靠前，数字化程度较高，东北排名居中，西北和西南排名靠后（见表0-5）。

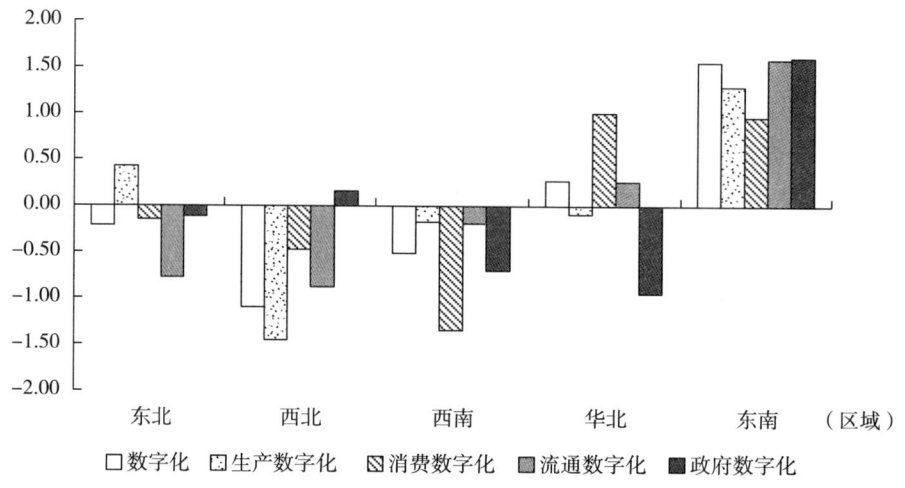

图 0-3 我国主要区域数字化指数得分比较

表 0-5 我国主要区域数字化指数排名

	数字化	生产数字化	消费数字化	流通数字化	政府数字化
东北	3	2	3	4	3
西北	5	5	4	5	2
西南	4	4	5	3	4
华北	2	3	1	2	5
东南	1	1	2	1	1

(三) 分项指标数字化评价

1. 生产数字化

相比来说，生产数字化两年的波动幅度没有总指标数字化的波动幅度大，如图0-4所示。大部分省份的生产数字化水平相较2015年都得到了提升。如辽宁省2015年生产数字化得分为57.59，2017年得分为63.75，增长率为10.68%，增长速度较快；贵州省2015年生产数字化得分为70.16，2017年得分为77.22，增长率为10.07%，增长速度紧随其后。但也有部分省份的生产数字化得分有所降低，如上海降低了2.28，湖南降低了2.61，重庆降低了6.25。有所降低的主要原因是这些省份的生产数字化发展较为成熟，基数大，进一步提升较为困难。因此，我国生产数字化总体来说省份间差距较小，发展平稳。

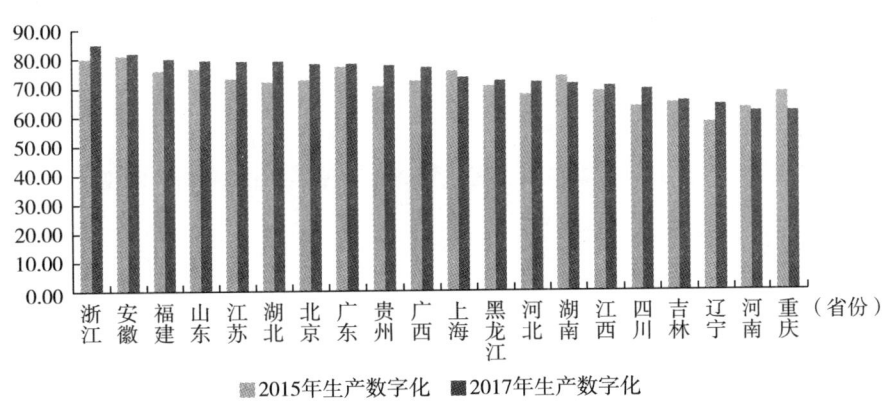

图0-4　2015年、2017年我国部分省份生产数字化指数得分比较

2. 消费数字化

消费数字化是四项指标中变化最为稳定的一项，且进步态势最为明显，如图0-5所示。2017年各省份的消费数字化程度相较2015年都得到了提升，且增长幅度较大。2015年消费数字化较低的省份迎难而上，拉小差距，较高的省份基数大，面临重重困难依旧做好领头羊，使得消费数字化整体进步。消费数字化增长幅度最大的省份包括海南、河南，增长率分别为44.56%、41.63%。消费数字化省份间差距较小，发展稳步且成熟，其作为数字化整体发展的基础，不仅可以促进自身经济的发展，也能通过发掘城市特色提高城市知名度。

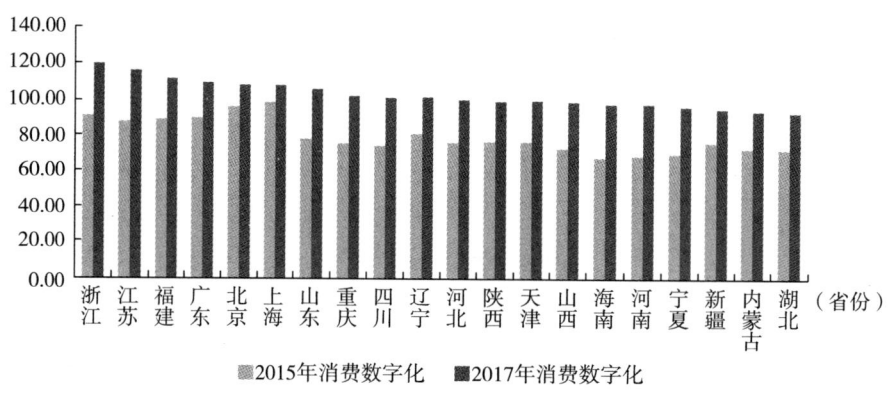

图0-5　2015年、2017年我国主要省份消费数字化指数得分比较

3. 流通数字化

江浙沪北广等作为电商发展大省，流通数字化的发展迅速，如图0-6所示。可以根据其发展规模分为快速增长区和稳步发展区。快速增长区包括山东、四川、上海、北京、江苏、浙江和广东7个省份，经济发展水平进一步促进了电商数字化在该区域的发展；稳步发展区包括山西、云南、江西、天津、贵州、陕西、河北、重庆、湖南、河南、湖北11个省份，经济发展水平和地理优势均处于中等地位，流通数字化的发展稳步上升。总

体来说,流通数字化是波动幅度最大的一项,广东、浙江、江苏、北京、上海等远远领先于其他省份,流通数字化的发展有着绝对优势,值得其余省份学习其流通数字化发展先进经验。

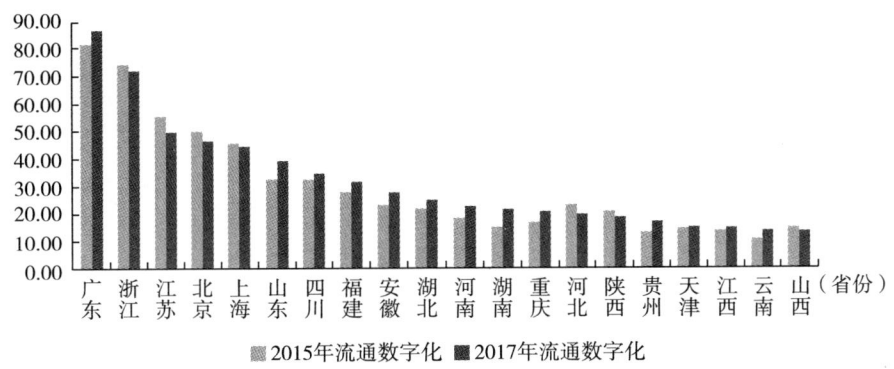

图 0-6 2015 年、2017 年我国部分省份流通数字化指数得分比较

4. 政府数字化

总体来说,2017 年政府数字化水平有所提升,如图 0-7 所示。相较 2015 年,2017 年大部分省份政府数字化程度有所提高,其中,江西、山东和重庆提高幅度最大,分别提高了 28.24、25.39 和 20.45。增长率分别为 44.57%、39.09% 和 33.51%。甘肃省和安徽省的政府数字化水平相较 2015 年有所降低,其中安徽的政府数字化得分降低了 3.77。为了便于政府工作的顺利开展以及普通公民的生活便利,建立一个标准、有效的电子政务平台,提高电子政务平台的服务方式完备度和在线服务成熟度,而且省市县乡各级政府要层层对接,充分利用数字化信息时代给予我们在工作和生活上的便利,甚至是提供靠谱有效的在线客服服务,不仅可以进行相关政策信息查询,而且可以提供在线办理服务,使得电子政务更加完善化、智能化。

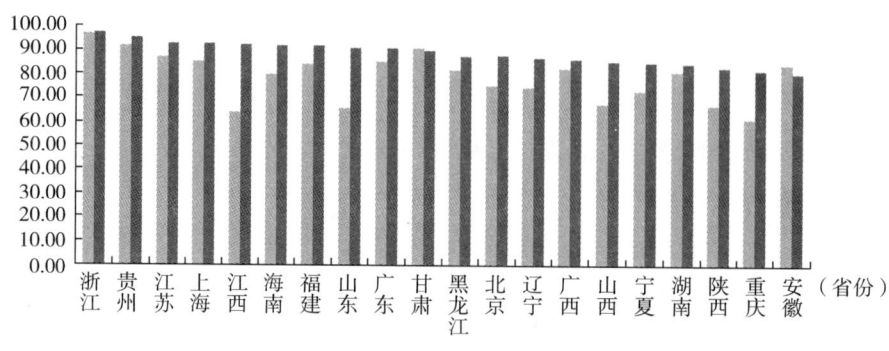

图0-7 2015年、2017年我国部分省份政府数字化指数得分比较

1 浙江省

2015 年		2017 年		两年平均	
得分：82.77	排名：1	得分：92.23	排名：1	得分：87.50	排名：1

一、各指标体系得分及排名

2015年浙江省数字化得分为82.77，2017年得分为92.23，两年都排名第1，相较2015年，数字化得分增加了9.46。总体来说，浙江省的数字化水平名列前茅，如表1-1、图1-1所示。在生产数字化方面，浙江省的排名处于上游水平，除了中小企业信息化服务平台数之外，其他各项指标均排名前5；在消费数字化方面，浙江省位于领先水平，仅城（省）域网出口带宽排名波动较大，其他方面排名变化不大；在流通数字化方面，浙江省处于上游水平，除了电子商务成长指数波动幅度较大之外，其他指标都进步至前 2 名;在政府数字化方面,浙江省居于全国首位,尤其是服务方式完备度一直位居第一。

表 1-1 浙江省数字化指数及其分项指数的得分及排名

指标名称	2015 年		2017 年	
	得分	排名	得分	排名
1. 生产数字化	80.06	2	84.87	1
1a. 企业 ERP 普及率	75.32	3	79.36	1
1b. 企业 MES 普及率	97.62	3	110.07	1
1c. 企业 PLM 普及率	88.84	1	91.05	1
1d. 企业 SCM 普及率	69.42	4	72.77	2
1e. 企业装备数控化率	74.53	1	74.47	5
1f. 中小企业信息化服务平台数	131.22	16	145.34	12
1g. 重点行业典型企业信息化专项规划	85.39	1	86.72	2
2. 消费数字化	89.65	3	118.52	1
2a. 移动电话普及率	81.28	4	79.96	4
2b. 互联网普及率	76.53	5	78.52	5
2c. 城(省)域网出口带宽	98.28	5	122.81	16
2d. 固定宽带普及率	97.71	2	130.74	1
2e. 固定宽带端口平均速率	79.96	17	130.95	18
3. 流通数字化	74.01	2	71.76	2
3a. 电子商务规模指数	79.69	2	83.70	2
3b. 电子商务成长指数	42.74	5	0.66	31
3c. 电子商务渗透指数	63.00	3	64.07	2
3d. 电子商务支撑指数	56.20	2	57.33	2
3e. 企业采购环节电子商务应用	135.42	1	135.10	1
3f. 企业销售环节电子商务应用	151.90	1	152.90	1
3g. 人均快递量	69.17	2	140.22	1
4. 政府数字化	96.61	1	96.84	1
4a. 服务方式完备度	99.00	1	100.00	1
4b. 服务事项覆盖度	91.44	2	87.23	3

续表

指标名称	2015年		2017年	
	得分	排名	得分	排名
4c. 办事指南准确度	89.27	6	90.46	8
4d. 在线服务成熟度	90.24	9	89.51	3

生产数字化指数 2015 年得分 80.06，排名第 2；2017 年得分 84.87，排名第 1，排名上升 1 位。

消费数字化指数 2015 年得分 89.65，排名第 3；2017 年得分 118.52，排名第 1，排名上升 2 位。

流通数字化指数 2015 年得分 74.01，排名第 2；2017 年得分 71.76，排名第 2，排名不变。

政府数字化指数 2015 年得分 96.61，排名第 1；2017 年得分 96.84，排名第 1，排名不变。

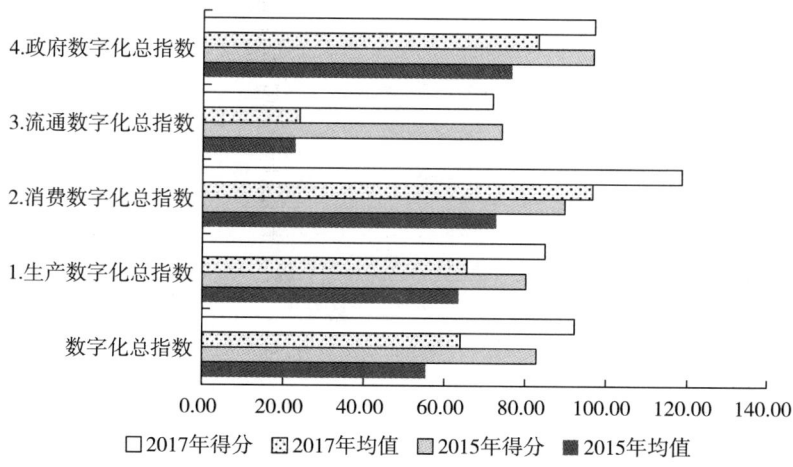

图 1-1　浙江省数字化指数及其分项指数的得分及均值比较

二、生产数字化指数

在生产数字化方面，如图1-2所示，浙江省生产数字化2015年得分80.06，排名第2；2017年得分84.87，排名第1。两年的得分显著领先全国平均水平，表明浙江省生产数字化水平远远高于平均水平。相较2015年，企业ERP普及率、企业MES普及率和企业PLM普及率方面排名在2017年均成为全国第1。只有中小企业信息化服务平台数位于中游水平，不过其2017年得分比2015年高14.12，排名也从第16上升至第12。

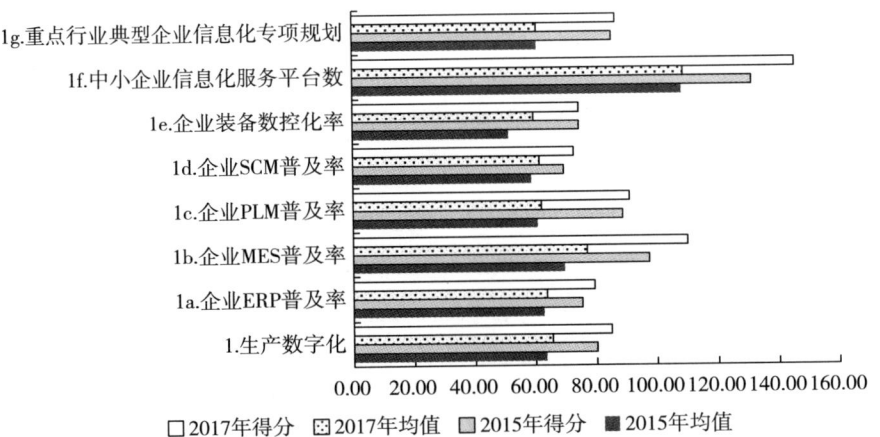

图1-2　浙江省生产数字化指数及其分项指数的得分及均值比较

三、消费数字化指数

在消费数字化方面，如图1-3所示，浙江省2015年消费数字化得分为89.65，排名第3；2017年得分为118.52，排名第1。浙江省消费数字化总体变化较小，其中，城（省）域网出口带宽和固定宽带普及率得分均有显著增加，但2017年排名位于中游水平，尤其是城（省）域网出口带宽排名下滑了11位。

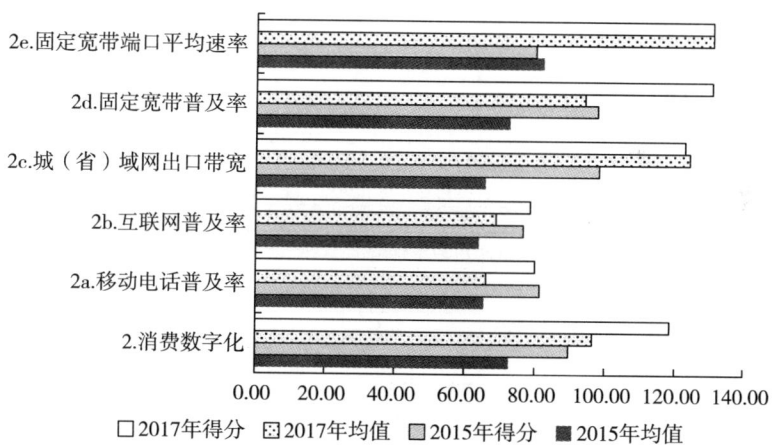

图1-3 浙江省消费数字化指数及其分项指数的得分及均值比较

四、流通数字化指数

在流通数字化方面,如图1-4所示,浙江省流通数字化2015年得分为74.01,2017年得分为71.76,排名均是第2。浙江省流通数字化各项指标均保持领先地位,其中,企业采购环节电子商务应用、企业销售环节电子商务应用和人均快递量的得分在2017年都排名第1。但是电子商务成长指数排名波动很大,2015年得分为42.74,2017年得分为0.66,排名从第5下降至第31。这是由于浙江省电子商务已经处于领先水平,进步难度较大。

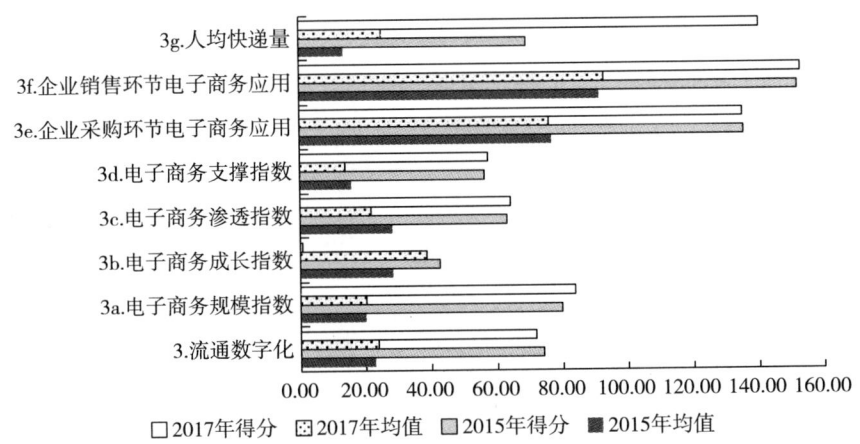

图1-4 浙江省流通数字化指数及其分项指数的得分及均值比较

五、政府数字化指数

在政府数字化方面,如图1-5所示,浙江省2015年政府数字化得分为96.61,2017年得分为96.84,排名均居首位。总体而言,各项指标均保持领先地位,其中,服务方式完备度方面始终位列第1,在线服务成熟度排名从第9上升至第3。而办事指南准确度略有不足,排名从第6下降至第8。

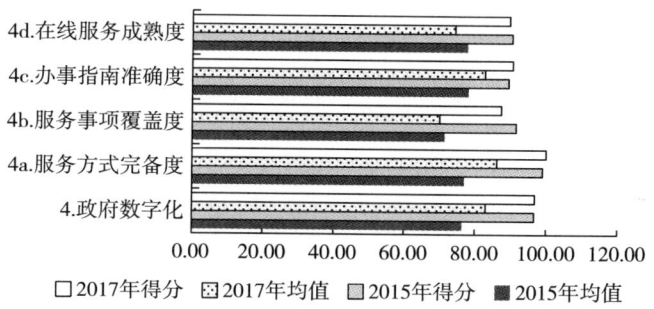

图1-5 浙江省政府数字化指数及其分项指数的得分及均值比较

2 广东省

2015 年		2017 年		两年平均	
得分：82.49	排名：2	得分：90.56	排名：2	得分：86.53	排名：2

一、各指标体系得分及排名

2015 年广东省数字化得分为 82.49，排名第 2；2017 年得分为 90.56，排名第 2，相较 2015 年，数字化得分增加了 8.07。总体来说，广东省的数字化水平名列前茅，如表 2-1、图 2-1 所示。在生产数字化方面，2015 年广东省生产数字化在全国排在前 5 名，2017 年略有下降，排名第 8。其中，中小企业信息化服务平台指数一直名列前茅，排在第 3；在消费数字化方面，广东省排名较前，其中，城（省）域网出口带宽指数两年都位列第一；在流通数字化方面，广东省处于全国领先地位，两年排名第一。其中，电子商务规模指数、电子商务支撑指数两年都排名第一。电子商务渗透指数、企业采购环节电子商务应用、企业销售环节电子商务应用和人均快递量均保持在全国前 5 水平；在政府数字化方面，广东省处于中上游水平，进步较大的是在线服务成熟度，从排名第 15 上升到第 5。

表 2-1 广东省数字化指数及其分项指数的得分及排名

指标名称	2015 年		2017 年	
	得分	排名	得分	排名
1. 生产数字化	77.15	3	78.13	8
1a. 企业 ERP 普及率	75.19	4	73.54	8
1b. 企业 MES 普及率	87.33	7	95.96	8
1c. 企业 PLM 普及率	77.43	8	84.12	4
1d. 企业 SCM 普及率	70.00	3	67.79	11
1e. 企业装备数控化率	51.67	16	67.62	12
1f. 中小企业信息化服务平台数	150.00	3	150.00	3
1g. 重点行业典型企业信息化专项规划	78.36	5	81.03	6
2. 消费数字化	88.23	4	107.63	4
2a. 移动电话普及率	83.53	2	80.62	2
2b. 互联网普及率	80.61	3	84.40	3
2c. 城（省）域网出口带宽	141.05	1	224.21	1
2d. 固定宽带普及率	90.37	5	106.46	4
2e. 固定宽带端口平均速率	82.31	14	123.01	29
3. 流通数字化	81.31	1	86.00	1
3a. 电子商务规模指数	93.66	1	100.00	1
3b. 电子商务成长指数	25.85	16	19.38	26
3c. 电子商务渗透指数	49.68	4	58.32	3
3d. 电子商务支撑指数	74.97	1	74.26	1
3e. 企业采购环节电子商务应用	116.93	4	122.43	3
3f. 企业销售环节电子商务应用	136.79	3	138.19	3
3g. 人均快递量	46.21	4	90.74	4

续表

指标名称	2015 年 得分	2015 年 排名	2017 年 得分	2017 年 排名
4. 政府数字化	84.87	8	90.32	9
4a. 服务方式完备度	86.00	7	94.75	6
4b. 服务事项覆盖度	80.94	8	69.87	13
4c. 办事指南准确度	82.59	8	87.01	15
4d. 在线服务成熟度	83.36	15	86.79	5

生产数字化指数 2015 年得分 77.15，排名第 3；2017 年得分 78.13，排名第 8，排名下降 5 位。

消费数字化指数 2015 年得分 88.23，排名第 4；2017 年得分 107.63，排名第 4，排名不变。

流通数字化指数 2015 年得分 81.31，排名第 1；2017 年得分 86.00，排名第 1，排名不变。

政府数字化指数 2015 年得分 84.87，排名第 8；2017 年得分 90.32，排名第 9，排名下降 1 位。

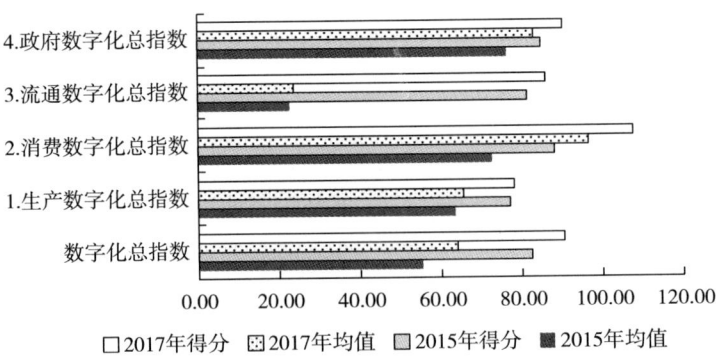

图 2-1 广东省数字化指数及其分项指数的得分及均值比较

二、生产数字化指数

在生产数字化方面,如图2-2所示,广东省生产数字化得分为77.15,排名第3;2017年得分为78.13,排名第8。两年的得分都比均值高,说明广东省生产数字化的水平明显高于平均水平。相较2015年,企业ERP普及率、企业MES普及率、企业SCM普及率、重点行业典型企业信息化专项规划等指标排名均有所下降。其中,企业SCM普及率下降幅度最大,从第3下降到第11。企业PLM普及率、企业装备数控化率指数排名略有上升。

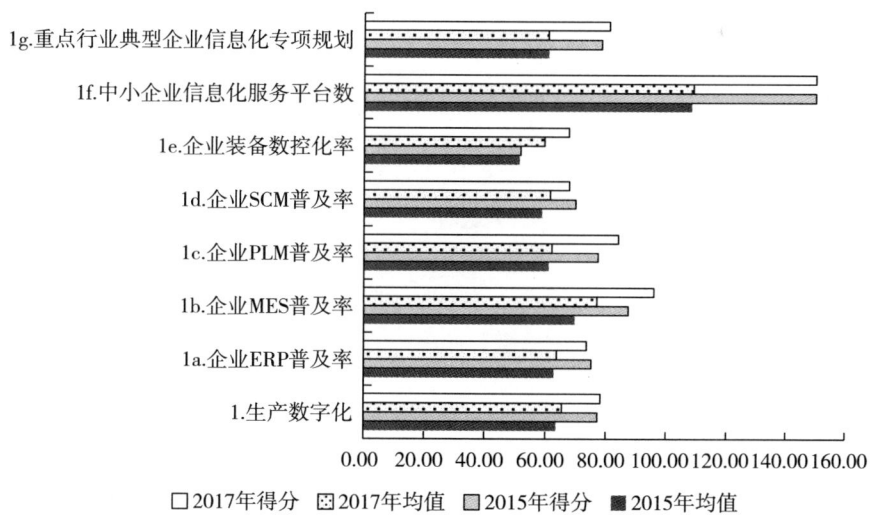

图2-2 广东省生产数字化指数及其分项指数的得分及均值比较

三、消费数字化指数

在消费数字化方面,如图 2-3 所示,广东省 2015 年得分为 88.23,排名第 4;2017 年得分为 107.63,排名第 4,排名不变。两年的得分都比均值高,说明广东省消费数字化的水平明显高于平均水平。广东省消费数字化指数总体波动不大,城(省)域网出口带宽连续两年位居第一。固定宽带端口平均速率得分虽然增加,但排名下降明显,从第 14 下降到第 29,说明其他省份固定宽带端口平均速率发展更快。

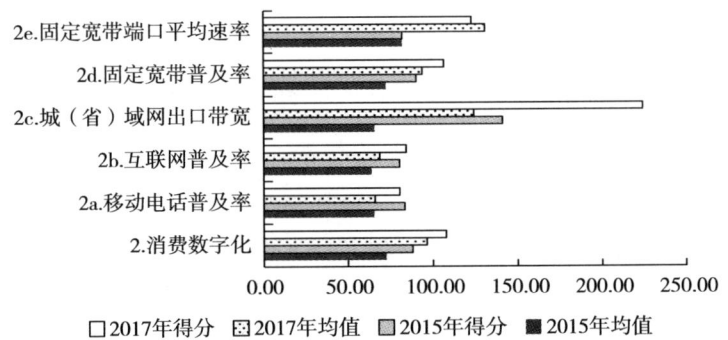

图 2-3 广东省消费数字化指数及其分项指数的得分及均值比较

四、流通数字化指数

在流通数字化方面,如图 2-4 所示,广东省 2015 年得分为 81.31,排名第 1;2017 年得分为 86.00,排名第 1。两年的得分都比均值高,说明广东省流通数字化的水平明显高于平均水平,处于全国领先地位。流通数字化总体波动不大,其中,排名波动最大的是电子商务成长指数,2015 年排名第 16,2017 年排名第 26,这可能是因为广东省流通数字化基数较大,继续提高的难度较大。

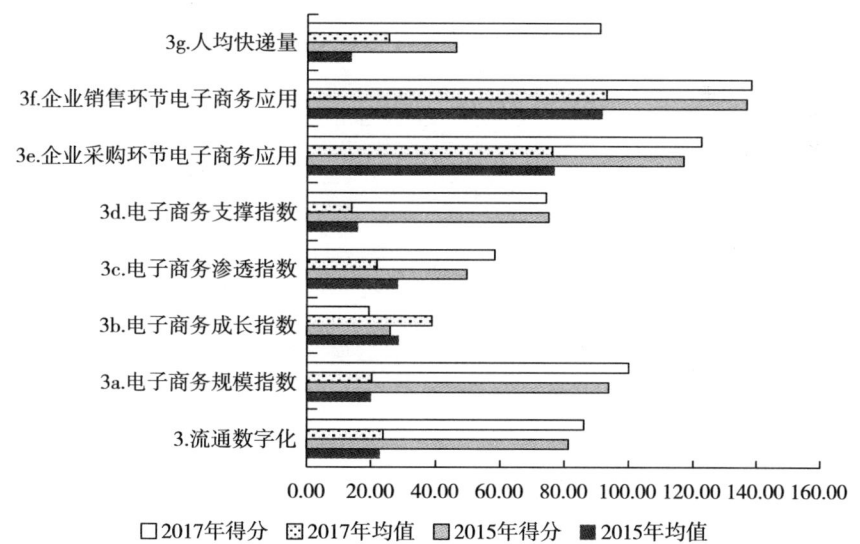

图 2-4 广东省流通数字化指数及其分项指数的得分及均值比较

五、政府数字化指数

在政府数字化方面,如图 2-5 所示,广东省 2015 年得分为 84.87,排名第 8;2017 年得分为 90.32,排名第 9。两年的得分都比均值高,说明广东省政府数字化的水平明显高于平均水平,处于全国中上游。其中,波动较大的是服务事项覆盖度、办事指南准确度,下降趋势明显。在线服务成熟度上升趋势明显,从第 15 上升至第 5。

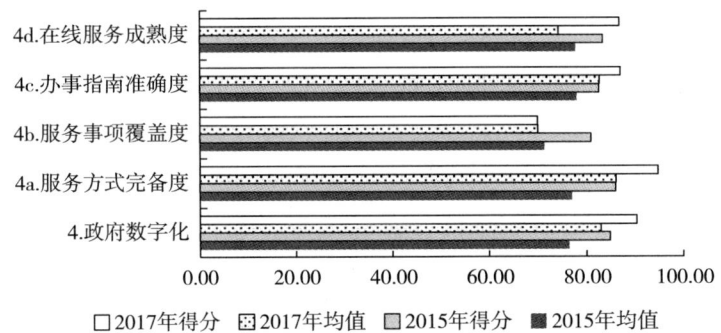

图 2-5 广东省政府数字化指数及其分项指数的得分及均值比较

3　江苏省

2015 年		2017 年		两年平均	
得分：73.08	排名：4	得分：82.27	排名：3	得分：77.68	排名：3

一、各指标体系得分及排名

2015 年江苏省数字化得分为 73.08，排名第 4；2017 年得分为 82.27，排名第 3，相较 2015 年，数字化得分增加了 9.19。总体来说，江苏省的数字化水平处于上游水平，如表 3-1、图 3-1 所示。在生产数字化方面，江苏省的排名处于上游水平，其中，中小企业信息化服务平台数排名在 2017 年上升至第 1；在消费数字化方面，江苏省的排名处于名列前茅，大部分指标基本保持稳步上升；在流通数字化方面，江苏省的排名也保持在上游水平，只有电子商务成长指数从中游水平下降至下游水平；在政府数字化方面，江苏省的排名也位于上游水平，其中，办事指南准确度排名始终在前2位。

表3-1 江苏省数字化指数及其分项指数的得分及排名

指标名称	2015年 得分	2015年 排名	2017年 得分	2017年 排名
1. 生产数字化	72.89	8	79.10	5
1a. 企业ERP普及率	72.52	7	76.09	7
1b. 企业MES普及率	81.39	11	97.62	6
1c. 企业PLM普及率	60.63	14	73.23	10
1d. 企业SCM普及率	67.06	7	71.83	4
1e. 企业装备数控化率	65.07	6	72.37	7
1f. 中小企业信息化服务平台数	150.00	8	150.00	1
1g. 重点行业典型企业信息化专项规划	70.67	13	78.37	11
2. 消费数字化	86.99	6	114.85	2
2a. 移动电话普及率	68.27	10	68.89	8
2b. 互联网普及率	69.36	8	71.64	8
2c. 城（省）域网出口带宽	129.99	2	203.19	3
2d. 固定宽带普及率	87.74	6	122.97	2
2e. 固定宽带端口平均速率	99.46	4	132.51	12
3. 流通数字化	54.87	3	49.50	3
3a. 电子商务规模指数	60.40	3	56.40	3
3b. 电子商务成长指数	26.15	15	18.85	28
3c. 电子商务渗透指数	42.02	6	24.39	7
3d. 电子商务支撑指数	38.20	5	27.39	5
3e. 企业采购环节电子商务应用	113.01	6	118.36	5
3f. 企业销售环节电子商务应用	133.06	4	133.70	4
3g. 人均快递量	28.72	5	44.79	5
4. 政府数字化	86.55	6	92.38	3
4a. 服务方式完备度	85.00	8	93.18	8
4b. 服务事项覆盖度	86.71	6	90.27	1

续表

指标名称	2015年		2017年	
	得分	排名	得分	排名
4c. 办事指南准确度	94.02	2	96.66	1
4d. 在线服务成熟度	93.59	7	81.00	10

生产数字化指数2015年得分72.89,排名第8;2017年得分79.10,排名第5,排名上升3位。

消费数字化指数2015年得分86.99,排名第6;2017年得分114.85,排名第2,排名上升4位。

流通数字化指数2015年得分54.87,排名第3;2017年得分49.50,排名第3,排名不变。

政府数字化指数2015年得分86.55,排名第6;2017年得分92.38,排名第3,排名上升3位。

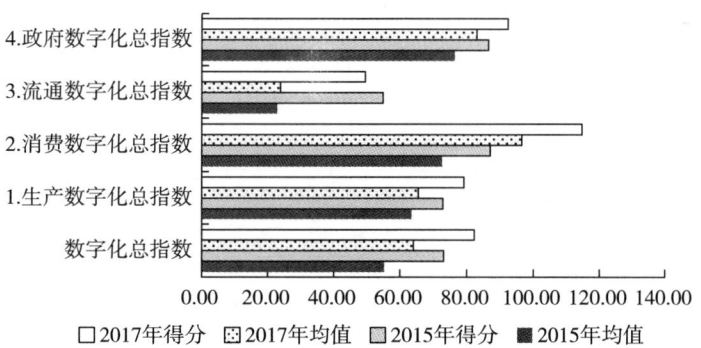

图3-1 江苏省数字化指数及其分项指数的得分及均值比较

二、生产数字化指数

在生产数字化方面，如图 3-2 所示，江苏省生产数字化 2015 年得分 72.89，排名第 8；2017 年得分 79.10，排名第 5。两年的得分都比均值高，说明江苏省生产数字化水平显著高于平均水平。相较于 2015 年，2017 年各项指标得分都有所增加，除了企业装备数控化率排名从第 6 下降至第 7，其他指标名次都在稳步前进。

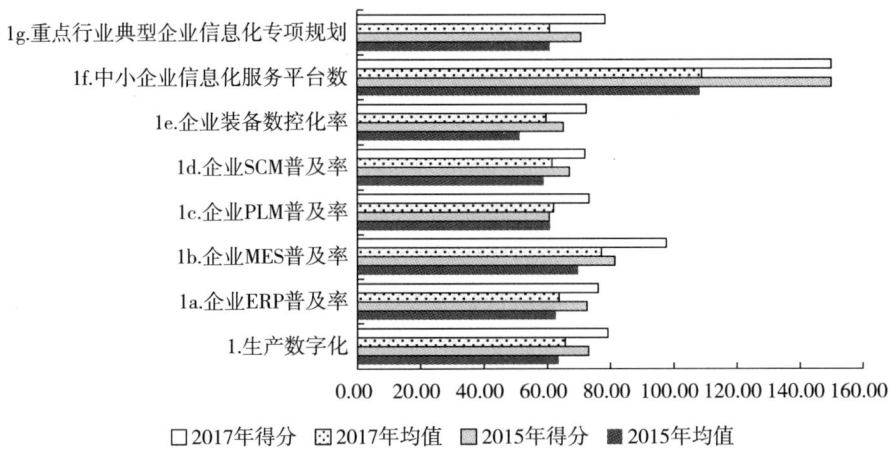

图 3-2　江苏省生产数字化指数及其分项指数的得分及均值比较

三、消费数字化指数

在消费数字化方面，如图3-3所示，江苏省消费数字化2015年得分为86.99，排名第6；2017年得分为114.85，排名第2。大部分指标得分和排名均有所进步，其中，城（省）域网出口带宽一直保持在前3，固定宽带端口平均速率得分虽然从99.46增加至132.51，但排名从第4下降至第12，说明江苏省的固定宽带端口平均速率发展速度小于其他省份。

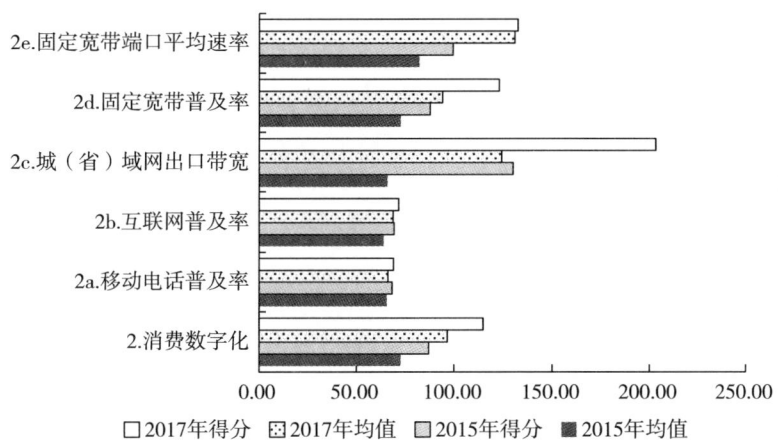

图3-3　江苏省消费数字化指数及其分项指数的得分及均值比较

四、流通数字化指数

在流通数字化方面,如图 3-4 所示,江苏省流通数字化 2015 年得分 54.87,2017 年得分 49.50,两年排名均保持第 3。各项指标排名基本不变,只有电子商务成长指数排名波动明显,得分从 26.15 下降至 18.85,排名从第 15 下滑到第 28。这可能是由于江苏省流通数字化基数较大,继续改进具有难度。

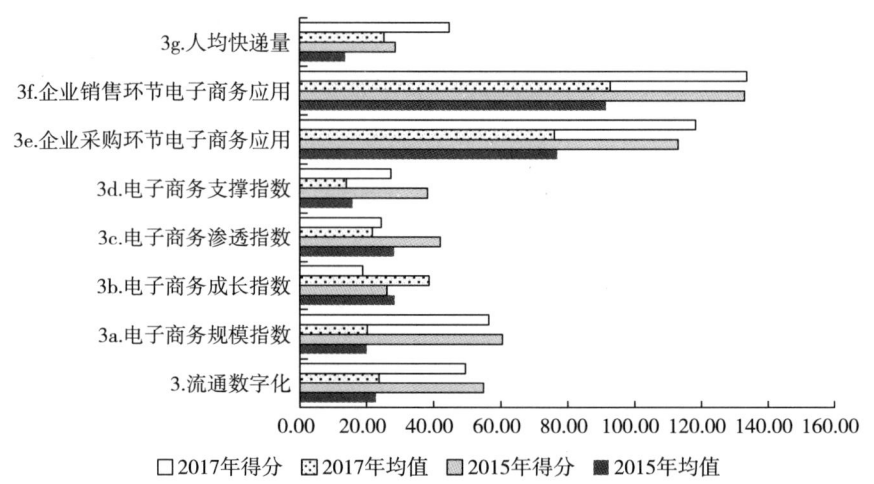

图 3-4 江苏省流通数字化指数及其分项指数的得分及均值比较

五、政府数字化指数

在政府数字化方面,如图3-5所示,江苏省2015年政府数字化得分为86.55,排名第6;2017年得分为92.38,排名第3。各项指标都保持在上游水平,其中,服务事项覆盖度和办事指南准确度排名在2017年均实现第1,然而在线服务成熟度有小幅度下降,排名从第7下降至第10。

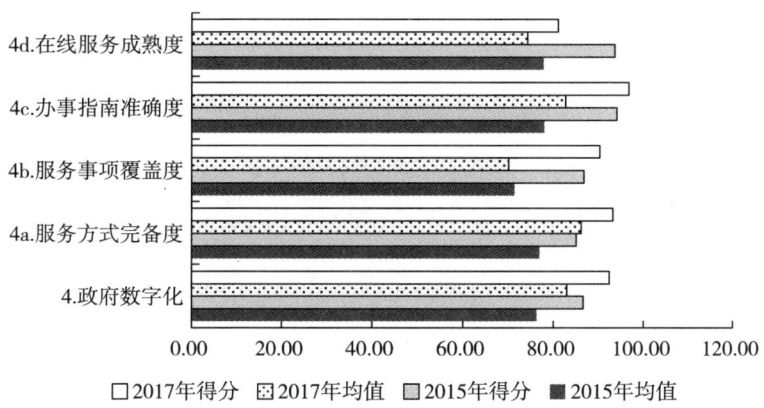

图3-5 江苏省政府数字化指数及其分项指数的得分及均值比较

4　北京市

2015 年		2017 年		两年平均	
得分：72.67	排名：5	得分：77.90	排名：4	得分：75.28	排名：4

一、各指标体系得分及排名

2015 年北京市数字化得分为 72.67，排名第 5；2017 年得分为 77.90，排名第 4，相较 2015 年，数字化得分增加了 5.23。总体来说，北京市的数字化水平名列前茅，如表 4-1、图 4-1 所示，在生产数字化方面，北京市处于中上游水平，其中，企业 MES 普及率和企业装备数控化率排名较前；在消费数字化方面，北京市排名较前，其中，移动电话普及率和互联网普及率在两年都位列第 1；在流通数字化方面，北京市排名依旧靠前，其中，电子商务渗透指数两年都排名第 1，电子商务支撑指数和人均快递量都排名第 3；在政府数字化方面，北京市处于中游水平，进步较大的是服务方式完备度，从排名第 21 上升到第 11，总体排名稳步上升。

表 4-1 北京市数字化指数及其分项指数的得分及排名

指标名称	2015 年 得分	2015 年 排名	2017 年 得分	2017 年 排名
1. 生产数字化	72.54	9	78.14	7
1a. 企业 ERP 普及率	66.49	15	71.86	10
1b. 企业 MES 普及率	96.33	4	106.78	2
1c. 企业 PLM 普及率	78.93	5	83.00	5
1d. 企业 SCM 普及率	66.16	8	70.39	7
1e. 企业装备数控化率	68.76	3	72.40	6
1f. 中小企业信息化服务平台数	134.09	15	132.19	15
1g. 重点行业典型企业信息化专项规划	77.48	7	83.49	4
2. 消费数字化	95.20	2	106.71	5
2a. 移动电话普及率	99.97	1	95.78	1
2b. 互联网普及率	85.27	1	86.91	1
2c. 城（省）域网出口带宽	77.40	10	148.77	9
2d. 固定宽带普及率	95.34	4	97.71	10
2e. 固定宽带端口平均速率	97.69	5	138.21	4
3. 流通数字化	49.53	4	45.80	4
3a. 电子商务规模指数	44.21	4	44.51	5
3b. 电子商务成长指数	47.21	4	25.20	22
3c. 电子商务渗透指数	95.35	1	75.20	1
3d. 电子商务支撑指数	56.01	3	50.99	3
3e. 企业采购环节电子商务应用	82.50	12	106.84	8
3f. 企业销售环节电子商务应用	102.91	12	113.40	10
3g. 人均快递量	65.15	3	104.77	3
4. 政府数字化	74.92	17	87.04	12
4a. 服务方式完备度	71.00	21	92.20	11
4b. 服务事项覆盖度	87.91	3	63.33	23

续表

指标名称	2015 年		2017 年	
	得分	排名	得分	排名
4c. 办事指南准确度	80.82	11	86.21	16
4d. 在线服务成熟度	84.74	13	78.09	15

生产数字化指数 2015 年得分 72.54，排名第 9；2017 年得分 78.14，排名第 7，上升了 2 位。

消费数字化指数 2015 年得分 95.20，排名第 2；2017 年得分 106.71，排名第 5，排名略有下降。

流通数字化指数 2015 年得分 49.53，排名第 4；2017 年得分 45.80，排名第 4，排名不变。

政府数字化指数 2015 年得分 74.92，排名第 17；2017 年得分 87.04，排名第 12，排名上升 5 位。

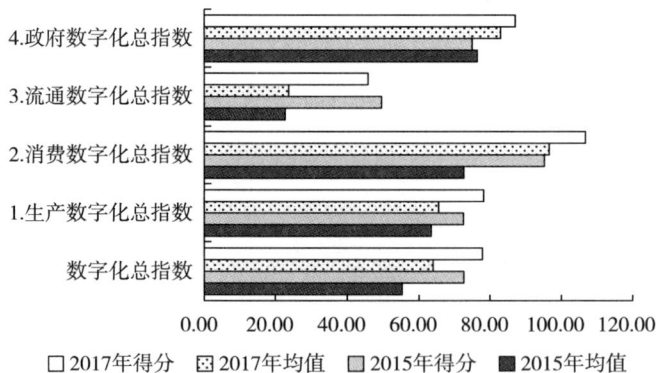

图 4-1 北京市数字化指数及其分项指数的得分及均值比较

二、生产数字化指数

在生产数字化方面，如图4-2所示，北京市生产数字化2015年得分72.54，排名第9，2017年得分78.14，排名第7，两年的得分都比其均值高，说明北京市生产数字化水平显著高于平均水平。相较2015年，几乎所有的指标得分都有所增加，其中，增长速度最快的是企业ERP普及率，排名从第15上升到了第10。

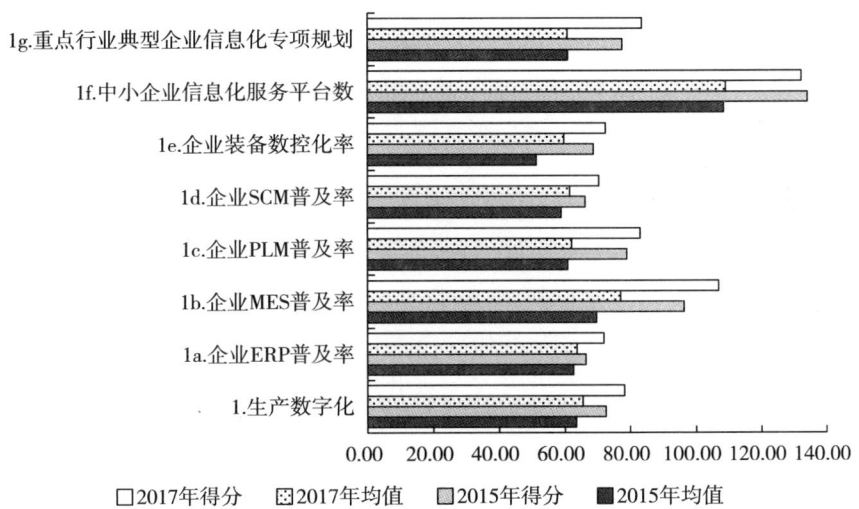

图4-2 北京市生产数字化指数及其分项指数的得分及均值比较

三、消费数字化指数

在消费数字化方面，如图4-3所示，北京市2015年消费数字化得分为95.20，排名第2，2017年得分为106.71，排名第5。虽然得分有了大幅提升，但排名有所下降，说明全国消费数字化整体得到了快速的发展。尤其是在城（省）域网出口带宽方面增长了近一倍，但排名变化不大。在固定宽带普及率方面，得分有所增长，但排名从第4降到了第10，说明其他省份在固定宽带普及率方面的进步更大。

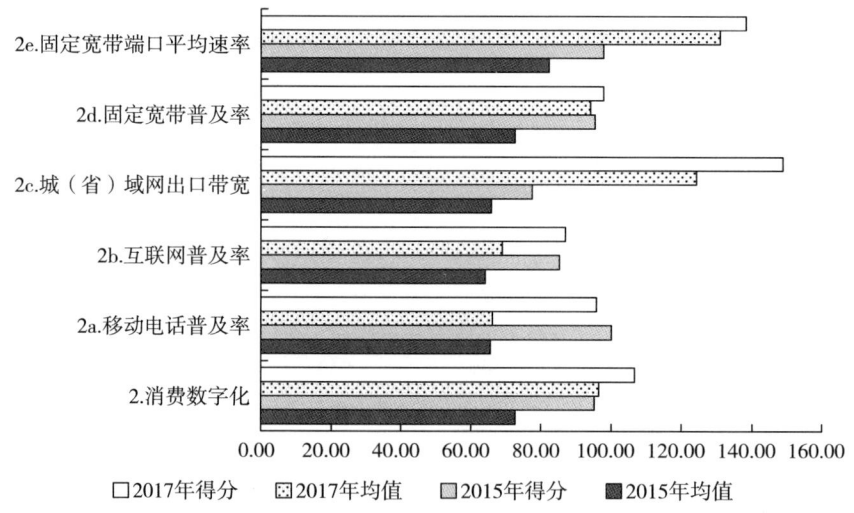

图4-3 北京市消费数字化指数及其分项指数的得分及均值比较

四、流通数字化指数

在流通数字化方面,如图 4-4 所示,北京市 2015 年流通数字化得分为 49.53,2017 年得分为 45.80,排名都为第 4。流通数字化总体波动较大,其中,排名波动最大的是电子商务成长指数,2015 年排名第 4,2017 年排名第 22,这可能是因为北京的流通数字化基数较大,继续提高的难度也较大。

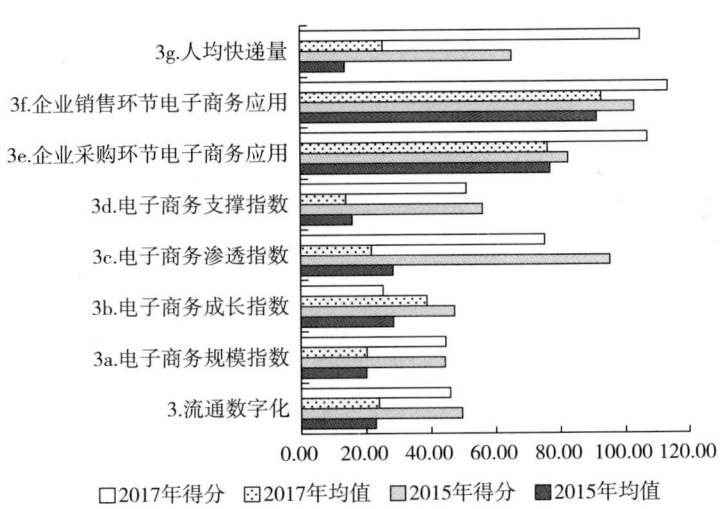

图 4-4 北京市流通数字化指数及其分项指数的得分及均值比较

五、政府数字化指数

在政府数字化方面,如图 4-5 所示,北京市 2015 年政府数字化得分为 74.92,排名第 17;2017 年政府数字化得分为 87.04,排名第 12。其中,波动较大的是服务事项覆盖度,2015 年排名第 3,2017 年排名第 23,得分也从 87.91 下降到了 63.33,下降趋势明显。

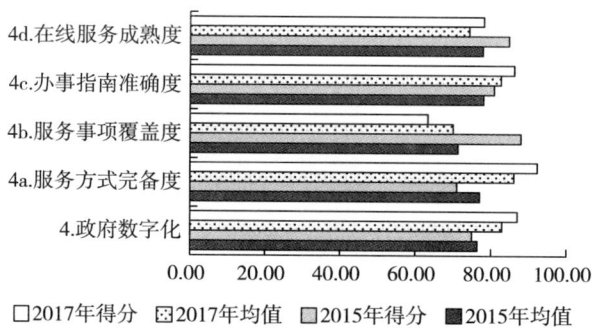

图 4-5 北京市政府数字化指数及其分项指数的得分及均值比较

5 上海市

2015 年		2017 年		两年平均	
得分：73.67	排名：3	得分：76.31	排名：5	得分：74.99	排名：5

一、各指标体系得分及排名

2015 年上海市数字化得分为 73.67，排名第 3；2017 年得分为 76.31，排名第 5，相较 2015 年，数字化得分增加了 2.64。总体来说，上海市的数字化水平处于上游水平，如表 5-1、图 5-1 所示。在生产数字化方面，上海市的排名位于前列，其中，重点行业典型企业信息化专项规划始终名列前茅；在消费数字化方面，上海市的排名属于上游水平，然而固定宽带端口平均速率排名波动幅度偏大，其他名次相对稳定；在流通数字化方面，上海市的排名处于上游水平，然而电子商务成长指数排名变化最明显,其他方面变化较小;在政府数字化方面,上海市的排名也位于上游水平,但各项指标发展程度不均衡,其中,办事指南准确度和在线服务成熟度进步最为明显,排名从中游水平上升至前2。

表5-1 上海市数字化指数及其分项指数的得分及排名

指标名称	2015年 得分	2015年 排名	2017年 得分	2017年 排名
1. 生产数字化	75.32	6	73.04	11
1a. 企业ERP普及率	70.92	8	65.95	16
1b. 企业MES普及率	97.84	2	102.72	4
1c. 企业PLM普及率	80.32	4	78.01	8
1d. 企业SCM普及率	66.08	10	68.16	9
1e. 企业装备数控化率	61.20	8	80.25	3
1f. 中小企业信息化服务平台数	112.40	17	118.46	16
1g. 重点行业典型企业信息化专项规划	77.51	6	88.79	1
2. 消费数字化	96.69	1	106.68	6
2a. 移动电话普及率	82.07	3	80.03	3
2b. 互联网普及率	82.43	2	84.47	2
2c. 城(省)域网出口带宽	81.41	9	160.84	8
2d. 固定宽带普及率	95.34	3	106.46	5
2e. 固定宽带端口平均速率	117.74	1	127.35	25
3. 流通数字化	45.24	5	43.95	5
3a. 电子商务规模指数	39.56	5	46.80	4
3b. 电子商务成长指数	52.22	1	14.48	30
3c. 电子商务渗透指数	69.57	2	52.07	4
3d. 电子商务支撑指数	49.99	4	38.07	4
3e. 企业采购环节电子商务应用	108.19	7	89.93	10
3f. 企业销售环节电子商务应用	123.13	6	121.70	8
3g. 人均快递量	70.72	1	128.83	2
4. 政府数字化	84.94	7	92.05	4

续表

指标名称	2015 年 得分	2015 年 排名	2017 年 得分	2017 年 排名
4a. 服务方式完备度	89.00	4	95.35	5
4b. 服务事项覆盖度	67.64	20	71.39	11
4c. 办事指南准确度	77.23	16	94.7	2
4d. 在线服务成熟度	85.50	12	93.55	1

生产数字化指数 2015 年得分 75.32，排名第 6；2017 年得分 73.04，排名第 11，排名下降 5 位。

消费数字化指数 2015 年得分 96.69，排名第 1；2017 年得分 106.68，排名第 6，排名下降 5 位。

流通数字化指数 2015 年得分 45.24，排名第 5；2017 年得分 43.95，排名第 5，排名不变。

政府数字化指数 2015 年得分 84.94，排名第 7；2017 年得分 92.05，排名第 4，排名上升 3 位。

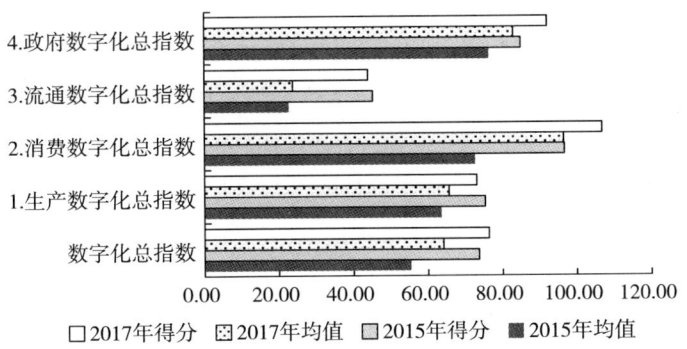

图 5-1 上海市数字化指数及其分项指数的得分及均值比较

二、生产数字化指数

在生产数字化方面,如图 5-2 所示,上海市生产数字化 2015 年得分为 75.32,排名第 6;2017 年得分为 73.04,排名第 11。两年的得分都比其均值高,说明上海市生产数字化的水平显著高于平均水平。上海市生产数字化各项指标都有小幅波动,其中,企业 ERP 普及率变化幅度较大,排名从第 8 下降至第 16,而企业装备数控化率排名从第 8 上升至第 3。同时,重点行业典型企业信息化专项规划始终保持前列,在 2017 年排名第一。

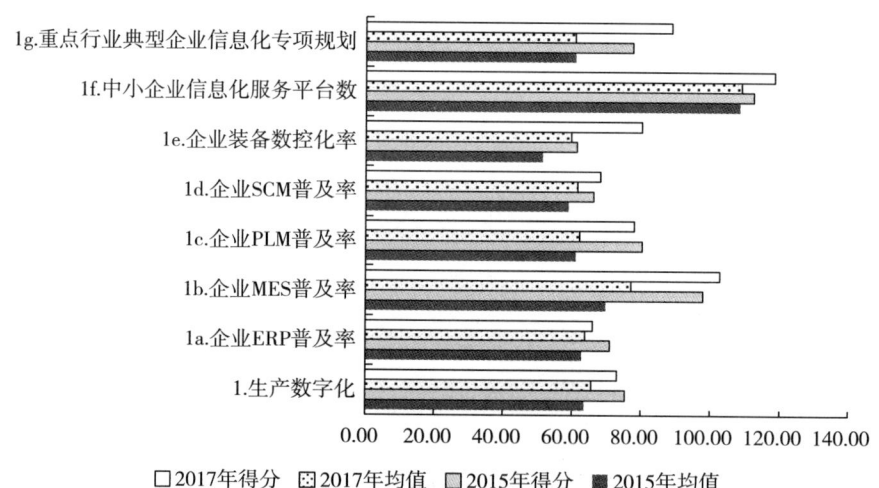

图 5-2 上海市生产数字化指数及其分项指数的得分及均值比较

三、消费数字化指数

在消费数字化方面，如图5-3所示，上海市2015年消费数字化得分为96.69，排名第1；2017年得分为106.68，排名第6。两年得分显著高于均值，说明上海市消费数字化水平高于全国平均水平。上海市消费数字化各项指标均保持全国领先地位，除了城（省）域网出口带宽和固定宽带端口平均速率以外，其他方面一直排名前5。其中，固定宽带端口平均速率排名变化幅度过大，得分虽然从117.74上升至127.35，但是排名从第1下降至第25，说明其他省份固定宽带端口平均速率的发展速度远远高于上海市。

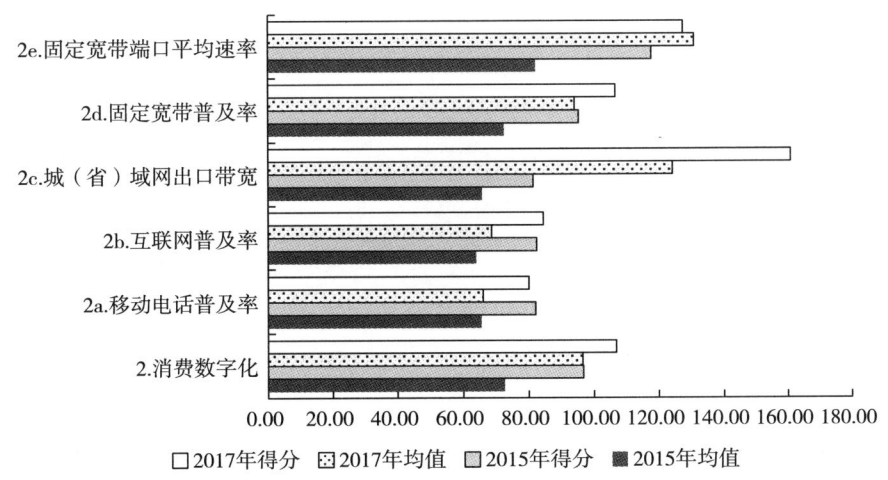

图5-3 上海市消费数字化指数及其分项指数的得分及均值比较

四、流通数字化指数

在流通数字化方面，如图 5-4 所示，上海市 2015 年流通数字化得分为 45.24，2017 年得分为 43.95，排名均是第 5。流通数字化各项指标基本保持稳定，但是电子商务成长指数存在明显波动，得分下降了 37.74 分，2015 年排名第 1，而 2017 年排名第 30，说明其他省份的电子商务成长指数发展速度远超上海市。

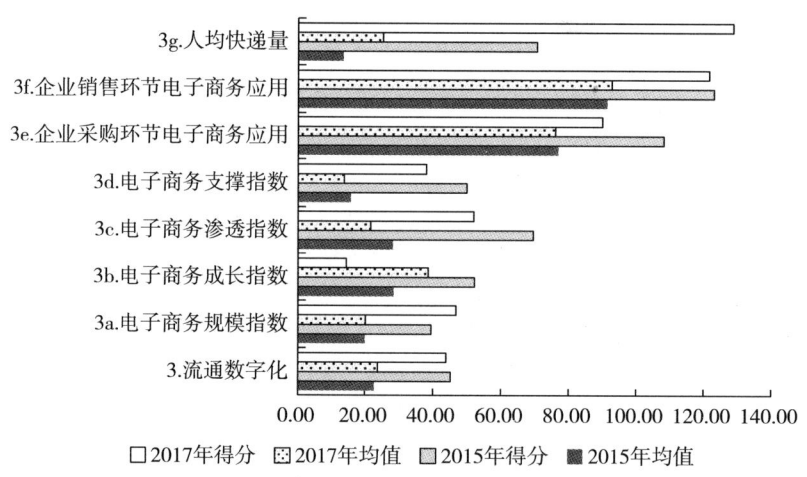

图 5-4　上海市流通数字化指数及其分项指数的得分及均值比较

五、政府数字化指数

在政府数字化方面,如图5-5所示,上海市2015年政府数字化得分为84.94,排名第7;2017年得分为92.05,排名第4。相较于2015年,政府数字化各项指标在2017年都达到了上游水平。其中,办事指南准确度和在线服务成熟度方面分别从中游水平上升至第2、第1,服务事项覆盖度排名从第20上升至第11。

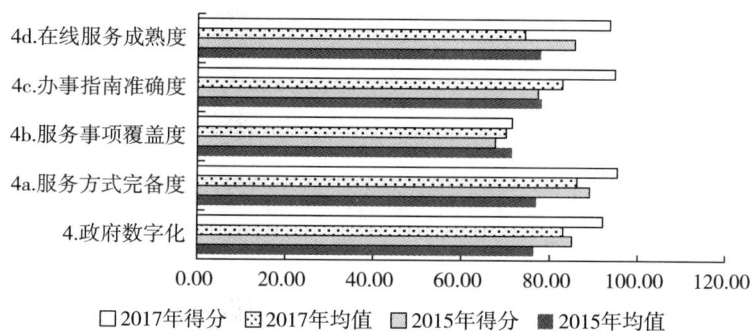

图5-5 上海市政府数字化指数及其分项指数的得分及均值比较

6 山东省

2015 年		2017 年		两年平均	
得分：62.05	排名：7	得分：75.86	排名：6	得分：68.96	排名：7

一、各指标体系得分及排名

2015 年山东省数字化得分为 62.05，排名第 7；2017 年得分为 75.86，排名第 6，相较 2015 年，数字化得分增加了 13.81，如表 6-1、图 6-1 所示。总体来说，山东省的数字化水平名列前茅。在生产数字化方面，山东省连续两年排名第 4，其中，企业 ERP 普及率、企业 PLM 普及率、企业 SCM 普及率均排名较前；在消费数字化方面，山东省排名处于中上游水平，其中，城（省）域网出口带宽得分增长近一倍，两年排名处于全国前三的水平；在流通数字化方面，山东省排名依旧靠前，各项指标均稳步增长；在政府数字化方面，山东省发展迅速，得分从64.94增长到90.33，排名从第27上升到第8，总体排名均呈稳步上升的趋势，其中，进步最大的是在线服务成熟度，排名从第30上升到第11。

表6-1 山东省数字化指数及其分项指数的得分及排名

指标名称	2015年		2017年	
	得分	排名	得分	排名
1. 生产数字化	76.48	4	79.16	4
1a. 企业ERP普及率	74.80	5	78.02	2
1b. 企业MES普及率	75.42	14	79.57	15
1c. 企业PLM普及率	84.20	2	82.77	6
1d. 企业SCM普及率	70.63	2	70.61	6
1e. 企业装备数控化率	59.11	12	66.29	14
1f. 中小企业信息化服务平台数	150.00	12	150.00	5
1g. 重点行业典型企业信息化专项规划	77.18	9	79.84	9
2. 消费数字化	76.77	8	104.84	7
2a. 移动电话普及率	62.27	19	66.52	12
2b. 互联网普及率	64.03	13	68.61	13
2c. 城（省）域网出口带宽	116.54	3	205.71	2
2d. 固定宽带普及率	79.25	8	102.22	7
2e. 固定宽带端口平均速率	80.62	16	138.77	3
3. 流通数字化	31.94	7	38.77	6
3a. 电子商务规模指数	34.80	6	42.80	6
3b. 电子商务成长指数	16.84	26	23.33	24
3c. 电子商务渗透指数	16.79	20	16.21	16
3d. 电子商务支撑指数	16.30	8	13.89	7
3e. 企业采购环节电子商务应用	106.36	8	113.24	7
3f. 企业销售环节电子商务应用	120.99	8	122.84	7
3g. 人均快递量	7.46	9	15.14	10
4. 政府数字化	64.94	27	90.33	8

续表

指标名称	2015年		2017年	
	得分	排名	得分	排名
4a. 服务方式完备度	64.00	26	93.18	9
4b. 服务事项覆盖度	71.85	15	83.60	4
4c. 办事指南准确度	68.75	27	84.11	17
4d. 在线服务成熟度	55.56	30	80.20	11

生产数字化指数 2015 年得分 76.48，排名第 4；2017 年得分 79.16，排名第 4，排名不变。

消费数字化指数 2015 年得分 76.77，排名第 8；2017 年得分 104.84，排名第 7，排名略有上升。

流通数字化指数 2015 年得分 31.94，排名第 7；2017 年得分 38.77，排名第 6，排名略有上升。

政府数字化指数 2015 年得分 64.94，排名第 27；2017 年得分 90.33，排名第 8，排名上升 19 位。

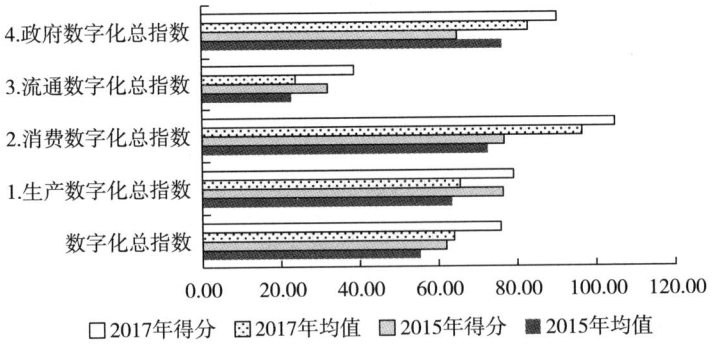

图 6-1 山东省数字化指数及其分项指数的得分及均值比较

二、生产数字化指数

在生产数字化方面,如图6-2所示,山东省生产数字化2015年得分为76.48,排名第4;2017年得分为79.16,排名第4。两年的得分都比均值高,说明山东省生产数字化的水平显著高于平均水平。相较2015年,大部分指标得分都有所增加,其中,增长速度最快的是企业ERP普及率,排名从第5上升到了第2。

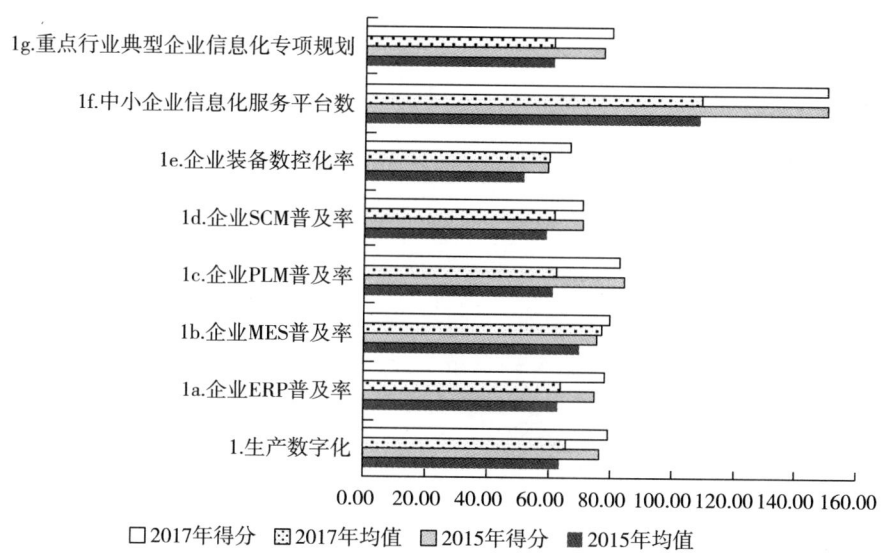

图6-2 山东省生产数字化指数及其分项指数的得分及均值比较

三、消费数字化指数

在消费数字化方面,如图6-3所示,山东省消费数字化指数2015年得分为76.77,排名第8;2017年得分为104.84,排名第7。虽然得分有了大幅提升,但排名上升幅度较小,说明全国消费数字化整体得到了快速的发展。山东省消费数字化各指标总体呈现稳步上升的趋势,进步最大的是固定宽带端口平均速率,山东省得分从80.62增长到138.77,排名从第16上升到第3。山东省城(省)域网出口带宽得分增长近一倍,排名从第3上升到了第2。

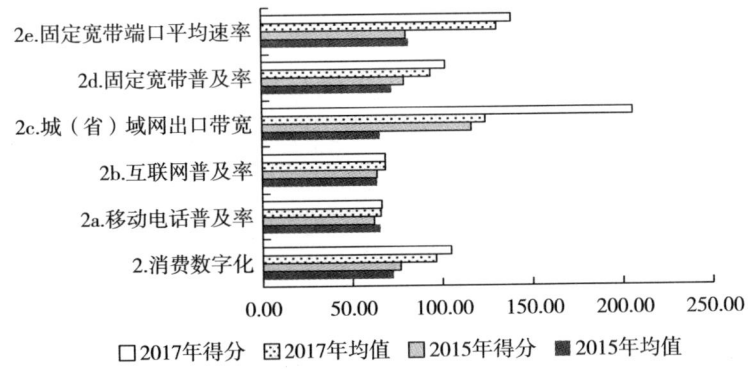

图6-3 山东省消费数字化指数及其分项指数的得分及均值比较

四、流通数字化指数

在流通数字化方面，如图6-4所示，山东省2015年流通数字化得分为31.94，2017年得分为38.77，排名从第7上升到了第6。流通数字化总体呈稳步增长的趋势，排名波动幅度较小。其中，排名波动最大的是电子商务渗透指数，2015年排名第20，2017年排名第16，得分却有所下降，说明山东省在电子商务渗透方面仍有较大发展空间。

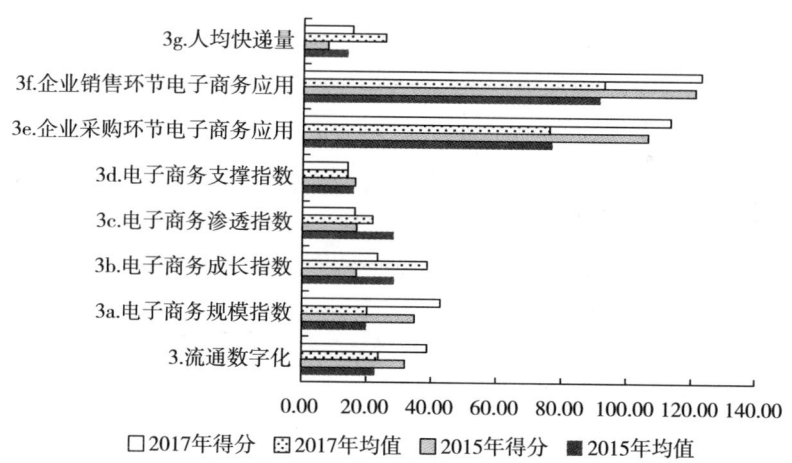

图6-4 山东省流通数字化指数及其分项指数的得分及均值比较

五、政府数字化指数

在政府数字化方面,如图6-5所示,2015年得分为64.94,排名第27;2017年得分为90.33,排名第8,排名上升19位。政府数字化各项指标总体呈现上升趋势。其中,上升幅度最大的是在线服务成熟度,2015年排名第30,2017年排名第11,得分也从55.56上升到了80.20。

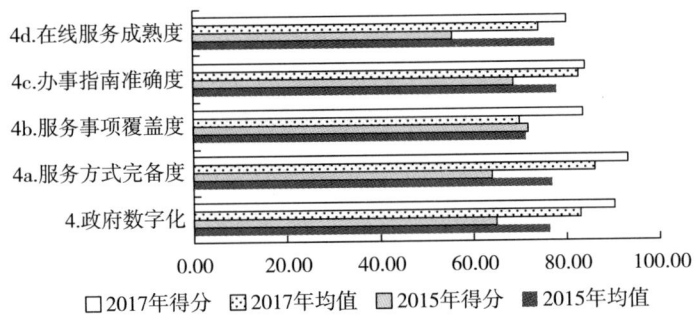

图6-5 山东省政府数字化指数及其分项指数的得分及均值比较

7 福建省

2015 年		2017 年		两年平均	
得分：65.69	排名：6	得分：75.59	排名：7	得分：70.64	排名：6

一、各指标体系得分及排名

2015 年福建省数字化得分为 65.69，排名第 6；2017 年得分为 75.59，排名第 7，相较 2015 年，数字化得分增加了 9.90，但排名下降了 1 位，说明福建省数字化水平不断提高，但增长速度不及全国数字化发展速度，如表 7-1、图 7-1 所示。在生产数字化方面，福建省名列前茅，其中，企业 ERP 普及率、中小企业信息化服务平台数、重点行业典型企业信息化专项规划均排名靠前；在消费数字化方面，福建省排名靠前，其中，固定宽带端口平均速率进步较大，从第 23 上升到第 7；在流通数字化方面，福建省排名依旧靠前,各项指标无较大波动,说明福建省流通数字化方面在稳步发展;在政府数字化方面,福建省处于中上游水平,进步较大的是办事指南准确度,排名从第 18 上升到第 6。

表 7-1 福建省数字化指数及其分项指数的得分及排名

指标名称	2015 年		2017 年	
	得分	排名	得分	排名
1. 生产数字化	75.80	5	79.75	3
1a. 企业 ERP 普及率	76.09	2	77.30	4
1b. 企业 MES 普及率	83.61	9	98.35	5
1c. 企业 PLM 普及率	63.95	12	73.32	9
1d. 企业 SCM 普及率	67.93	5	69.08	8
1e. 企业装备数控化率	55.83	13	66.69	13
1f. 中小企业信息化服务平台数	150.00	1	150.00	4
1g. 重点行业典型企业信息化专项规划	84.85	2	83.49	3
2. 消费数字化	87.79	5	110.60	3
2a. 移动电话普及率	73.29	5	71.23	5
2b. 互联网普及率	78.45	4	81.45	4
2c. 城(省)域网出口带宽	62.83	18	121.15	17
2d. 固定宽带普及率	100.00	1	116.10	3
2e. 固定宽带端口平均速率	75.35	23	134.82	7
3. 流通数字化	27.61	8	31.17	8
3a. 电子商务规模指数	25.61	8	28.39	8
3b. 电子商务成长指数	24.61	18	33.15	19
3c. 电子商务渗透指数	39.35	7	39.07	5
3d. 电子商务支撑指数	19.68	6	20.38	6
3e. 企业采购环节电子商务应用	85.79	10	104.38	9
3f. 企业销售环节电子商务应用	115.92	9	119.41	9
3g. 人均快递量	23.13	6	42.47	6
4. 政府数字化	83.35	10	91.32	7

续表

指标名称	2015年		2017年	
	得分	排名	得分	排名
4a. 服务方式完备度	83.00	10	94.68	7
4b. 服务事项覆盖度	86.92	4	76.15	6
4c. 办事指南准确度	76.73	18	90.77	6
4d. 在线服务成熟度	89.62	10	85.02	6

生产数字化指数2015年得分75.80，排名第5；2017年得分79.75，排名第3，排名上升了2位。

消费数字化指数2015年得分87.79，排名第5；2017年得分110.60，排名第3，排名略有上升。

流通数字化指数2015年得分27.61，排名第8；2017年得分31.17，排名第8，排名不变。

政府数字化指数2015年得分83.35，排名第10；2017年得分91.32，排名第7，排名上升3位。

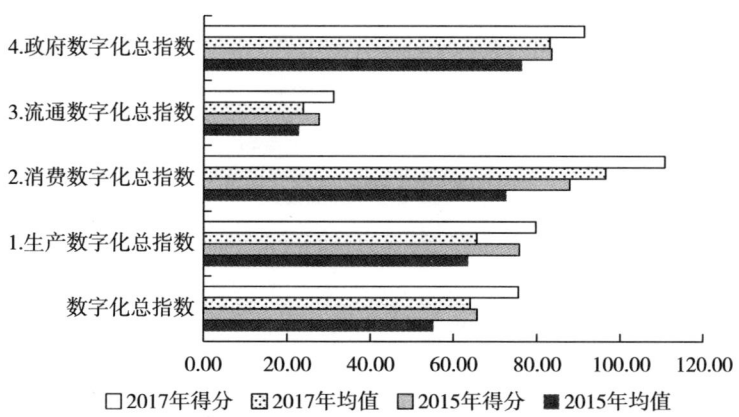

图7-1 福建省数字化指数及其分项指数的得分及均值比较

二、生产数字化指数

在生产数字化方面，如图7-2所示，福建省生产数字化2015年得分为75.80，排名第5；2017年得分为79.75，排名第3。两年的得分都比均值高，说明福建省生产数字化的水平显著高于平均水平。相较2015年，企业ERP普及率和企业MES普及率、企业PLM普及率、企业SCM普及率、企业装备数控化率得分都有所增加。其中，增长速度最快的是企业MES普及率，排名从第9上升到了第5。

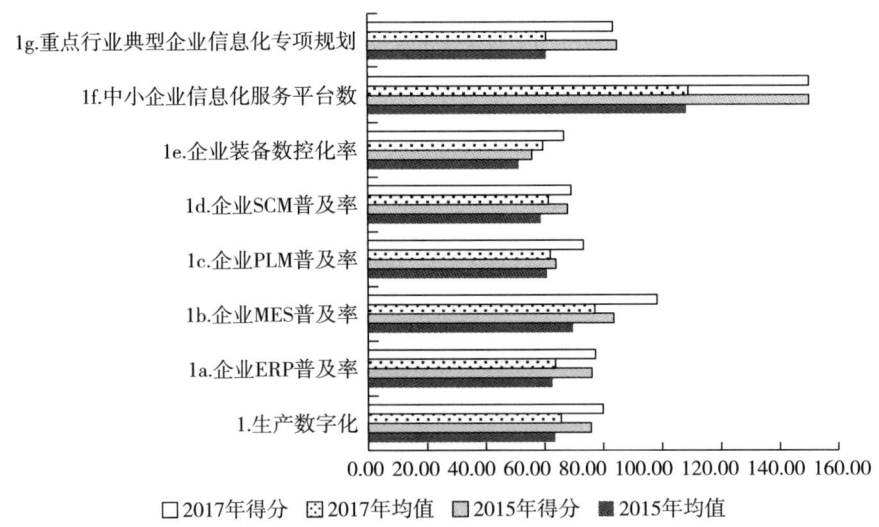

图7-2 福建省生产数字化指数及其分项指数的得分及均值比较

三、消费数字化指数

在消费数字化方面，如图 7-3 所示，福建省 2015 年消费数字化得分为 87.79，排名第 5；2017 年得分为 110.60，排名第 3。得分有大幅提升，说明福建省消费数字化得到了快速的发展。尤其是固定宽带端口平均速率得分增长了近一倍，且排名从第 23 上升至第 7。城（省）域网出口带宽得分虽然增长近一倍，但排名仅上升了 1 位，说明全国城（省）域网出口带宽均得到了快速的发展。

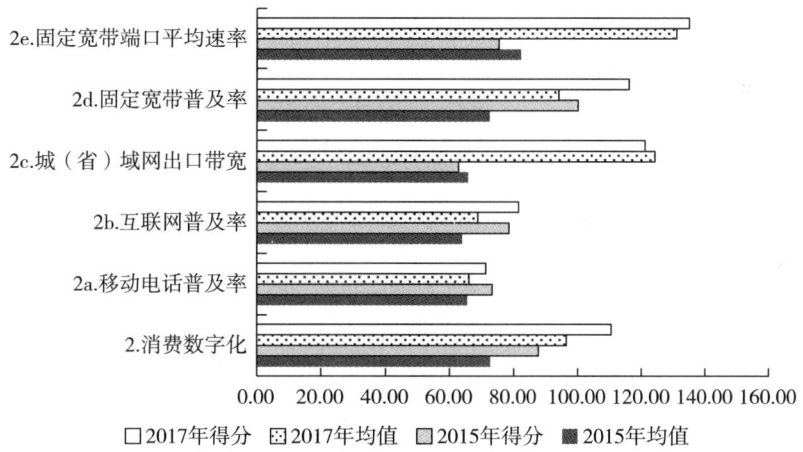

图 7-3　福建省消费数字化指数及其分项指数的得分及均值比较

四、流通数字化指数

在流通数字化方面,如图7-4所示,福建省2015年流通数字化得分为27.61,2017年得分为31.17,排名都为第8。福建省流通数字化发展较为平稳,排名未出现波动。其中,排名波动最大的是电子商务渗透指数,从2015年排名第7上升为2017年的排名第5。

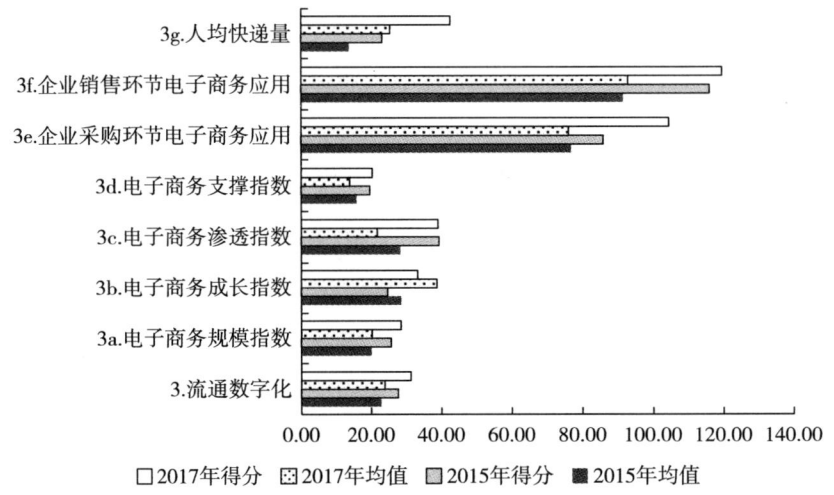

图7-4 福建省流通数字化指数及其分项指数的得分及均值比较

五、政府数字化指数

在政府数字化方面,如图7-5所示,福建省2015年政府数字化得分为83.35,排名第10;2017年政府数字化得分为91.32,排名第7。其中,波动较大的办事指南准确度2015年排名第18,2017年排名第6,得分也从76.73上升到了90.77,上升趋势较为明显。

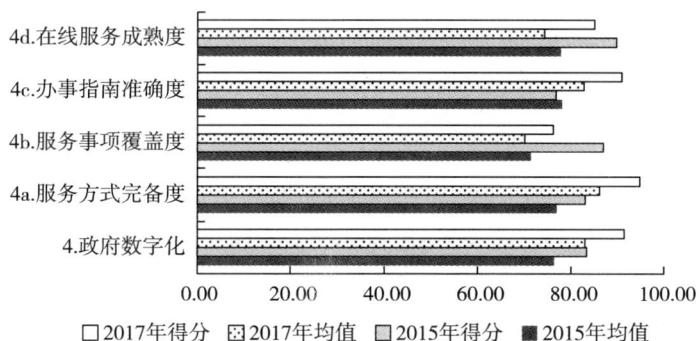

图7-5 福建省政府数字化指数及其分项指数的得分及均值比较

8 四川省

2015 年		2017 年		两年平均	
得分：59.06	排名：8	得分：68.96	排名：8	得分：64.01	排名：8

一、各指标体系得分及排名

2015 年四川省数字化得分为 59.06；2017 年得分为 68.96，排名均为第 8，相较 2015 年，数字化得分增加了 9.90，总体来说，四川省数字化水平较为稳定，如表 8-1、图 8-1 所示。生产数字化处于中游水平，有所进步；消费数字化进步明显，从 2015 年的 72.75 增加到 2017 年的 100.15，排名上升 5 位；流通数字化排名靠前且最为稳定；政府数字化下降趋势明显，其数字化总指数与分项指数的得分与排名均有大幅下降。

表8-1 四川省数字化指数及其分项指数的得分及排名

指标名称	2015年		2017年	
	得分	排名	得分	排名
1. 生产数字化	63.10	18	69.40	16
1a. 企业ERP普及率	66.15	18	71.51	12
1b. 企业MES普及率	57.23	22	84.19	13
1c. 企业PLM普及率	53.99	19	43.91	28
1d. 企业SCM普及率	61.64	16	66.78	12
1e. 企业装备数控化率	35.55	28	56.45	17
1f. 中小企业信息化服务平台数	93.72	21	93.72	19
1g. 重点行业典型企业信息化专项规划	63.50	17	40.86	24
2. 消费数字化	72.75	14	100.15	9
2a. 移动电话普及率	59.06	24	62.63	21
2b. 互联网普及率	54.21	25	60.37	27
2c. 城（省）域网出口带宽	98.44	4	181.04	5
2d. 固定宽带普及率	62.40	23	100.00	8
2e. 固定宽带端口平均速率	111.16	2	131.55	17
3. 流通数字化	32.10	6	34.06	7
3a. 电子商务规模指数	30.63	7	32.60	7
3b. 电子商务成长指数	39.17	7	48.73	11
3c. 电子商务渗透指数	31.50	12	22.57	9
3d. 电子商务支撑指数	16.55	7	12.99	8
3e. 企业采购环节电子商务应用	67.73	21	61.30	20
3f. 企业销售环节电子商务应用	79.16	19	83.47	18
3g. 人均快递量	5.95	13	13.35	12
4. 政府数字化	86.73	5	78.74	22
4a. 服务方式完备度	87.00	6	81.20	22
4b. 服务事项覆盖度	78.70	10	67.52	17
4c. 办事指南准确度	90.20	4	75.45	24
4d. 在线服务成熟度	95.65	5	78.68	13

生产数字化指数 2015 年得分 63.10，排名第 18；2017 年得分 69.40，排名第 16，上升 2 位。

消费数字化指数 2015 年得分 72.75，排名第 14；2017 年得分 100.15，排名第 9，排名上升 5 位。

流通数字化指数 2015 年得分 32.10，排名第 6；2017 年得分 34.06，排名第 7，排名略有下降。

政府数字化指数 2015 年得分 86.73，排名第 5；2017 年得分 78.74，排名第 22，排名下降 17 位。

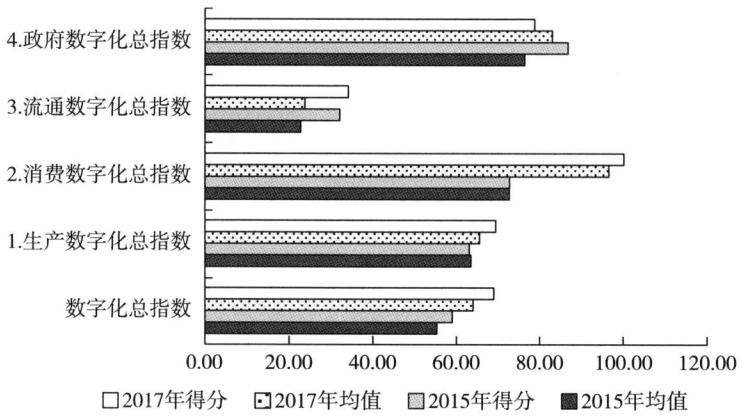

图 8－1　四川省数字化指数及其分项指数的得分及均值比较

二、生产数字化指数

在生产数字化方面，如图 8－2 所示，四川省生产数字化 2015 年得分为

63.10，排名第18，2017年得分为69.40，排名第16，得分增加但排名略有下降。其中，部分指标排名波动较大，如企业MES普及率从第22上升到第13，企业装备数控化率从第28上升到第17，而企业PLM普及率从第19下降到第28，重点行业典型企业信息化专项规划从第17下降到第24。

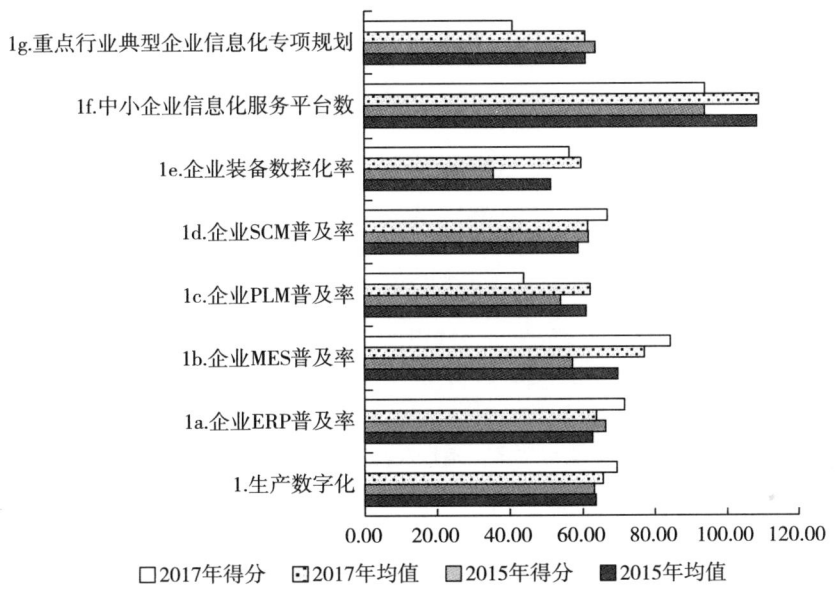

图8-2 四川省生产数字化指数及其分项指数的得分及均值比较

三、消费数字化指数

在消费数字化方面，如图8-3所示，四川省2015年消费数字化得分为72.75，排名第14，2017年得分为100.15，排名第9，得分增长且排名上升。其中，固定宽带普及率得分增加了37.60，排名从第23上升到了第8，进步趋势明显。

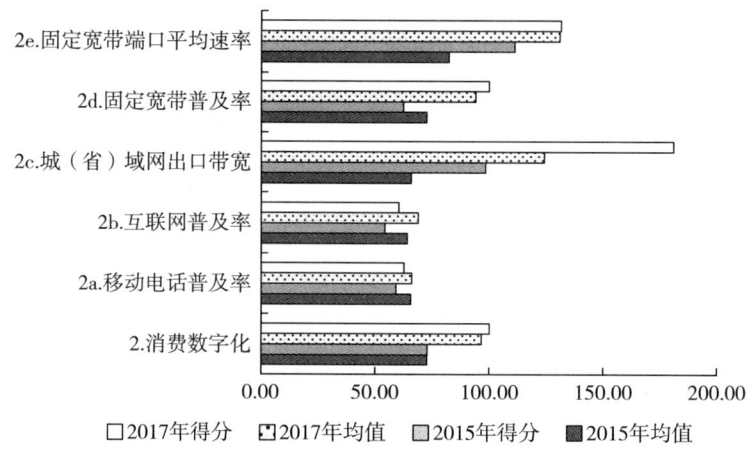

图8-3 四川省消费数字化指数及其分项指数的得分及均值比较

四、流通数字化指数

在流通数字化方面，如图8-4所示，四川省2015年流通数字化得分为32.10，排名第6，2017年得分为34.06，排名第7，排名略有下降。分项数字化排名较为稳定，波动幅度较小。

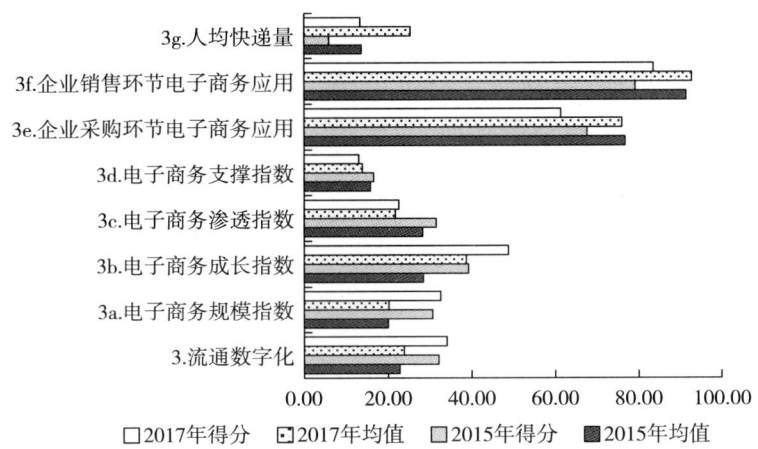

图 8-4 四川省流通数字化指数及其分项指数的得分及均值比较

五、政府数字化指数

在政府数字化方面，如图 8-5 所示，四川省 2015 年政府数字化得分

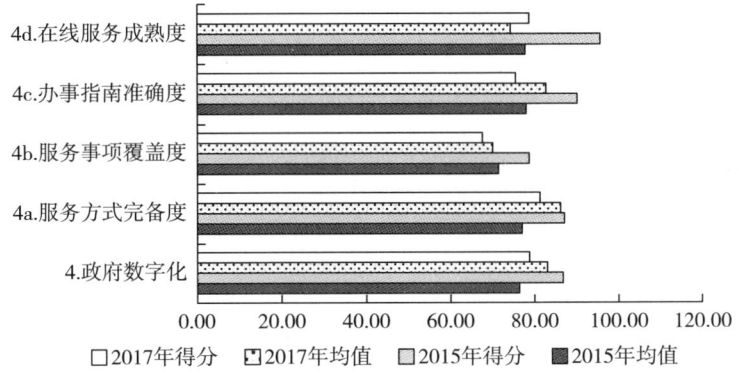

图 8-5 四川省政府数字化指数及其分项指数的得分及均值比较

为 86.73，排名第 5；2017 年政府数字化得分为 78.74，排名第 22。得分下降了 7.99，排名下降了 17 位。四个分项数字化的得分与排名均有所下降，其中，下降幅度最大的是服务方式完备度，从排名第 6 下降到第 22。

9 安徽省

2015 年		2017 年		两年平均	
得分：57.90	排名：10	得分：67.96	排名：9	得分：62.93	排名：9

一、各指标体系得分及排名

2015 年安徽省数字化得分为 57.90，排名第 10；2017 年得分为 67.96，排名第 9，相较 2015 年，数字化得分增加了 10.06。总体来说，安徽省的数字化处于中等水平，如表 9-1、图 9-1 所示。在生产数字化方面，安徽省名列前茅，其中，企业 ERP 普及率、企业 MES 普及率、企业 PLM 普及率和 SCM 普及率排名靠前，企业 SCM 普及率连续两年位居第一；在消费数字化方面，安徽省排名较靠后，处于中下游水平，其中，进步较大的是固定宽带普及率；在流通数字化方面，安徽省处于中上游水平，企业采购环节电子商务应用、企业销售环节电子商务应用都排名第 2，处于领先地位；在政府数字化方面，安徽省处于中游水平。

表 9－1 安徽省数字化指数及其分项指数的得分及排名

指标名称	2015 年		2017 年	
	得分	排名	得分	排名
1. 生产数字化	80.90	1	81.54	2
1a. 企业 ERP 普及率	78.48	1	77.83	3
1b. 企业 MES 普及率	101.30	1	105.53	3
1c. 企业 PLM 普及率	81.92	3	84.40	3
1d. 企业 SCM 普及率	73.25	1	73.67	1
1e. 企业装备数控化率	60.76	9	65.46	15
1f. 中小企业信息化服务平台数	81.22	24	92.07	20
1g. 重点行业典型企业信息化专项规划	83.02	3	81.30	5
2. 消费数字化	61.41	27	90.82	23
2a. 移动电话普及率	53.07	30	53.50	30
2b. 互联网普及率	53.80	27	61.03	26
2c. 城（省）域网出口带宽	68.37	12	110.57	20
2d. 固定宽带普及率	54.37	27	87.74	21
2e. 固定宽带端口平均速率	86.32	9	133.39	9
3. 流通数字化	22.84	9	27.57	9
3a. 电子商务规模指数	16.84	12	21.90	10
3b. 电子商务成长指数	38.74	8	50.13	9
3c. 电子商务渗透指数	31.99	10	24.29	8
3d. 电子商务支撑指数	9.13	13	8.84	14
3e. 企业采购环节电子商务应用	127.59	2	126.22	2
3f. 企业销售环节电子商务应用	146.69	2	146.99	2
3g. 人均快递量	6.50	12	13.80	11
4. 政府数字化	83.56	9	79.78	20
4a. 服务方式完备度	84.00	9	80.45	24
4b. 服务事项覆盖度	86.87	5	76.10	7

续表

指标名称	2015 年		2017 年	
	得分	排名	得分	排名
4c. 办事指南准确度	82.00	9	89.61	10
4d. 在线服务成熟度	73.40	18	65.19	25

生产数字化指数 2015 年得分 80.90，排名第 1；2017 年得分 81.54，排名第 2，排名略有下降。

消费数字化指数 2015 年得分 61.41，排名第 27；2017 年得分 90.82，排名第 23，排名略有上升。

流通数字化指数 2015 年得分 22.84，排名第 9；2017 年得分 27.57，排名第 9，排名不变。

政府数字化指数 2015 年得分 83.56，排名第 9；2017 年得分 79.78，排名第 20，排名下降。

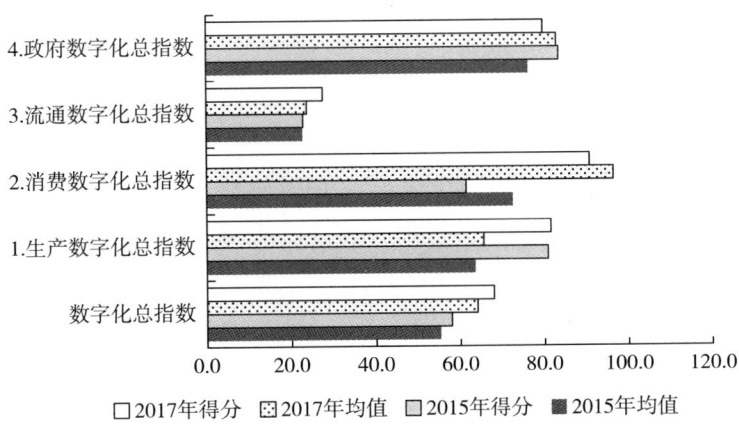

图 9-1　安徽省数字化指数及其分项指数的得分及均值比较

二、生产数字化指数

在生产数字化方面，如图9-2所示，安徽省生产数字化指数2015年得分为80.90，排名第1；2017年得分为81.54，排名第2。两年的得分都比均值高，说明安徽省生产数字化的水平显著高于平均水平。相较2015年，除企业ERP普及率和重点行业典型企业信息化专项规划这两个指标外，2017年其余指标得分都有所增加，其中，增长速度最快的是中小企业信息化服务平台数，排名从第24上升到第20。

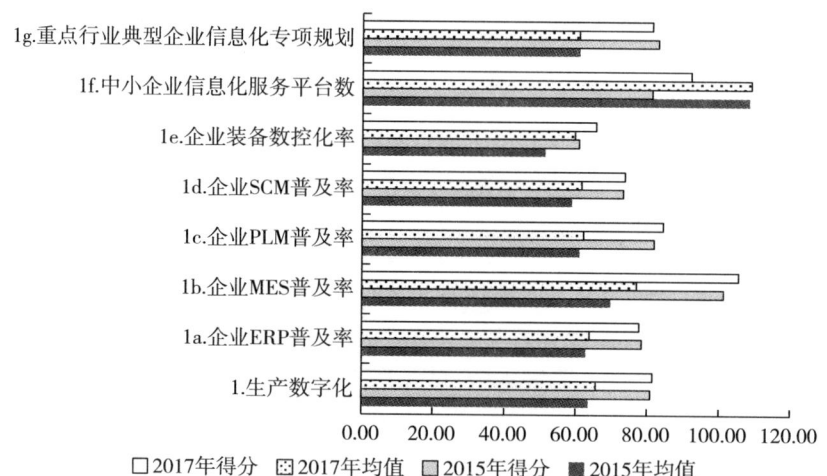

图9-2 安徽省生产数字化指数及其分项指数的得分及均值比较

三、消费数字化指数

在消费数字化方面,如图9-3所示,安徽省2015年消费数字化得分为61.41,排名第27,2017年得分为90.82,排名第23。得分大幅提升说明安徽省消费数字化方面得到了快速的发展。尤其是城(省)域网出口带宽增长了近一倍,但排名却从第12下滑到第20,说明其他省份城(省)域网出口带宽的进步更大。固定宽带端口平均速率得分增长也较大,但排名却未发生变化,说明全国固定宽带端口平均速率都得到了大幅度提升。

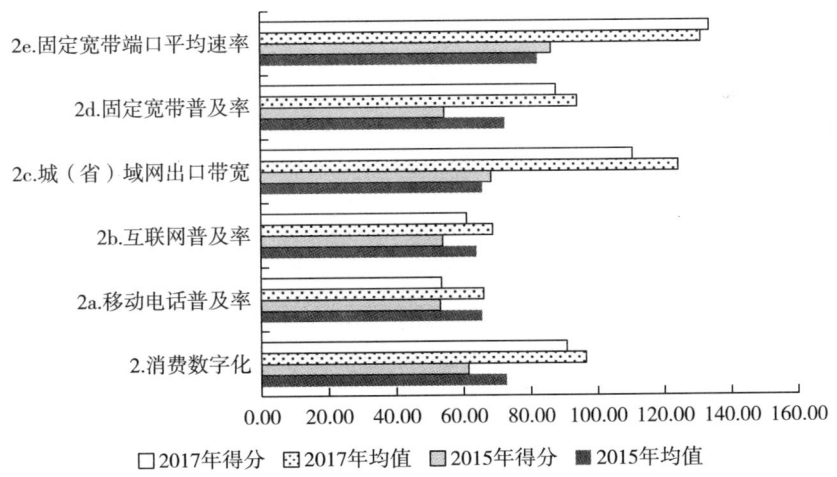

图9-3 安徽省消费数字化指数及其分项指数的得分及均值比较

四、流通数字化指数

在流通数字化方面,如图9-4所示,安徽省2015年流通数字化得分为22.84,2017年得分为27.57,排名都为第9。流通数字化总体波动不大。其中,排名波动较大的是电子商务规模指数和电子商务渗透指数,相较于2015年,两者在2017年的排名都上升了2位,说明安徽省在电子商务规模和渗透方面的水平都有所提升。

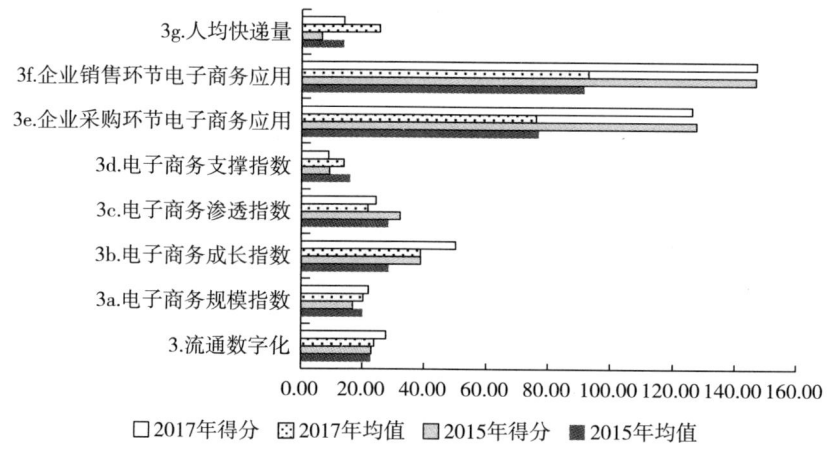

图9-4 安徽省流通数字化指数及其分项指数的得分及均值比较

五、政府数字化指数

在政府数字化方面,如图9-5所示,安徽省2015年政府数字化得分为83.56,排名第9;2017年政府数字化得分为79.78,排名第20,下降幅度较大。其中,服务方式完备度2015年排名第9,2017年排名第24,得分也从84.00下降到了80.45,下降趋势明显。

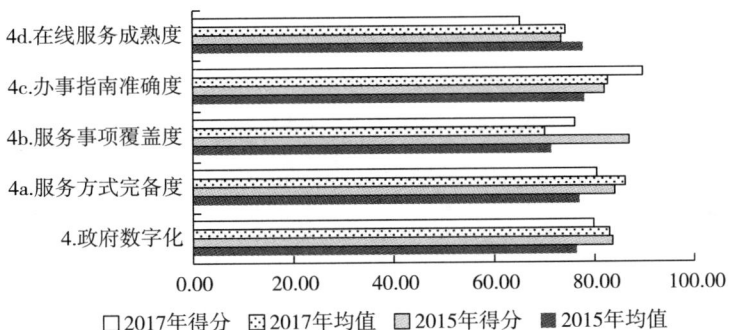

图9-5 安徽省政府数字化指数及其分项指数的得分及均值比较

10　湖北省

2015 年		2017 年		两年平均	
得分：58.05	排名：9	得分：66.44	排名：10	得分：62.25	排名：10

一、各指标体系得分及排名

2015 年湖北省数字化得分为 58.05，排名第 9；2017 年得分为 66.44，排名第 10，相较 2015 年，数字化得分增加了 8.39。总体来说湖北省的数字化水平处于中上游水平，如表 10-1、图 10-1 所示。在生产数字化方面，湖北省的排名从第 11 上升到第 6，2017 年，湖北省企业 ERP 普及率和企业 SCM 普及率排在全国前 5；在消费数字化方面，湖北省排名从第 18 下降到第 20，但城（省）域网出口带宽发展迅猛，得分增长一倍以上，排名也从第 19 上升至第 13；在流通数字化方面，湖北省总体排名波动不大，得分从 21.80 上升至 24.28，排名从第 11 上升至第 10，但电子商务成长指数下降明显，得分从 29.27 下降到 18.46，排名也从第 13 下降到第 29；在政府数字化方面，湖北省总体呈下降趋势，下降幅度最大的是在线服务成熟度，排名从第 6 下降到第 27。

表 10-1 湖北省数字化指数及其分项指数的得分及排名

指标名称	2015 年		2017 年	
	得分	排名	得分	排名
1. 生产数字化	71.95	11	78.95	6
1a. 企业 ERP 普及率	66.49	16	76.78	5
1b. 企业 MES 普及率	96.33	5	97.27	7
1c. 企业 PLM 普及率	78.93	6	78.97	7
1d. 企业 SCM 普及率	66.16	9	72.69	3
1e. 企业装备数控化率	68.76	4	71.67	10
1f. 中小企业信息化服务平台数	95.34	20	66.10	25
1g. 重点行业典型企业信息化专项规划	77.48	8	79.02	10
2. 消费数字化	70.78	18	91.94	20
2a. 移动电话普及率	58.01	27	58.31	27
2b. 互联网普及率	61.95	18	67.34	18
2c. 城（省）域网出口带宽	62.00	19	129.68	13
2d. 固定宽带普及率	76.18	13	90.37	18
2e. 固定宽带端口平均速率	71.29	25	123.87	28
3. 流通数字化	21.80	11	24.28	10
3a. 电子商务规模指数	19.31	11	24.37	9
3b. 电子商务成长指数	29.27	13	18.46	29
3c. 电子商务渗透指数	19.25	16	22.14	11
3d. 电子商务支撑指数	13.10	9	11.60	10
3e. 企业采购环节电子商务应用	82.50	13	80.77	13
3f. 企业销售环节电子商务应用	109.14	11	109.47	11
3g. 人均快递量	8.69	8	17.16	8

续表

指标名称	2015年		2017年	
	得分	排名	得分	排名
4. 政府数字化	86.87	4	78.96	21
4a. 服务方式完备度	88.00	5	83.20	21
4b. 服务事项覆盖度	75.05	12	61.56	27
4c. 办事指南准确度	89.54	5	81.06	18
4d. 在线服务成熟度	95.00	6	63.06	27

生产数字化指数2015年得分71.95，排名第11；2017年得分78.95，排名第6，上升了5位。

消费数字化指数2015年得分70.78，排名第18；2017年得分91.94，排名第20，排名略有下降。

流通数字化指数2015年得分21.80，排名第11；2017年得分24.28，排名第10，排名上升1位。

政府数字化指数2015年得分86.87，排名第4；2017年得分78.96，排名第21，排名下降17位。

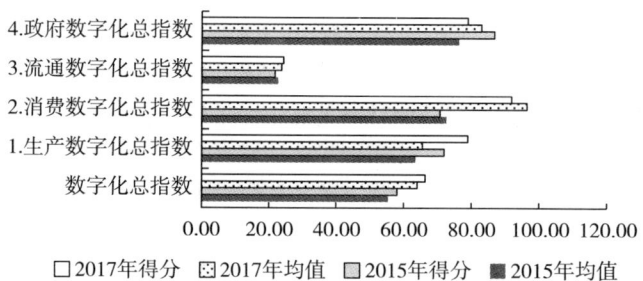

图10-1 湖北省数字化指数及其分项指数的得分及均值比较

二、生产数字化指数

在生产数字化方面,如图10-2所示,湖北省生产数字化2015年得分为71.95,排名第11;2017年得分为78.95,排名第6。两年的得分都比均值高,说明湖北省生产数字化水平显著高于平均水平。相较2015年,企业ERP普及率、企业SCM普及率得分都有所增加。其中,增长速度最快的是企业ERP普及率,排名从第16上升到了第5。但企业MES普及率、企业PLM普及率、企业装备数控化率、中小企业信息化服务平台数、重点行业典型企业信息化专项规划排名都有所下降。

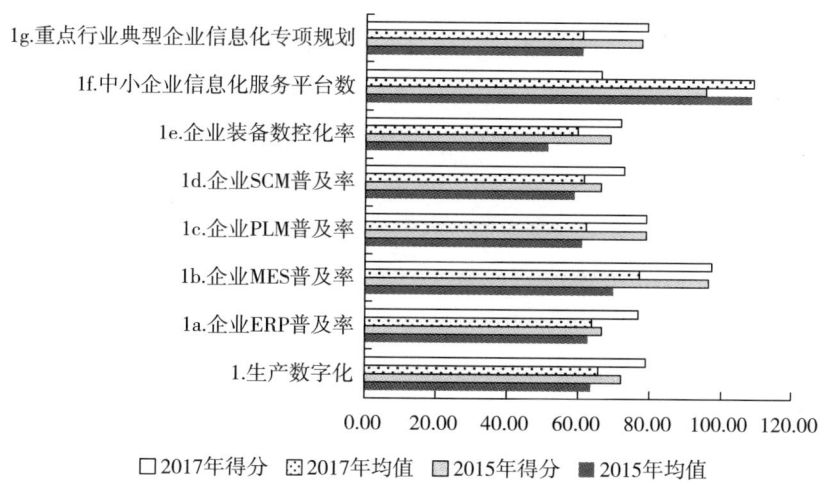

图10-2 湖北省生产数字化指数及其分项指数的得分及均值比较

三、消费数字化指数

在消费数字化方面，如图 10-3 所示，湖北省 2015 年消费数字化得分为 70.78，排名第 18，2017 年得分为 91.94，排名第 20。虽然得分有了大幅提升，但排名仍有所下降，说明全国消费数字化整体得到了快速的发展。但湖北省城（省）域网出口带宽得分增长了一倍以上，排名由第 19 上升到第 13，进步较大。

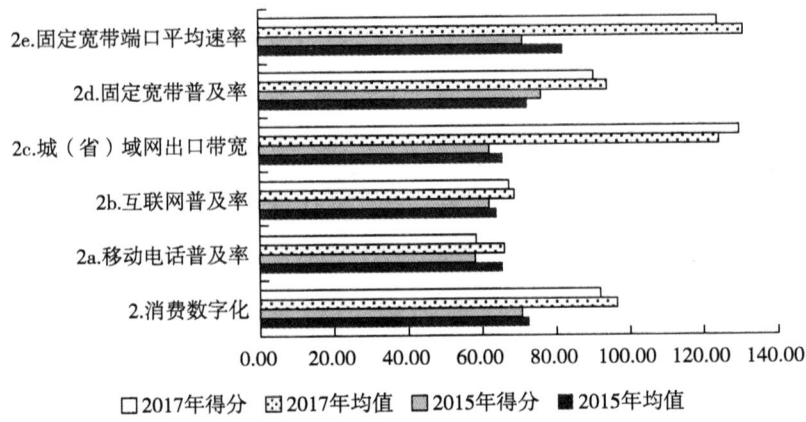

图 10-3　湖北省消费数字化指数及其分项指数的得分及均值比较

四、流通数字化指数

在流通数字化方面,如图10-4所示,湖北省2015年得分为21.80,排名第11;2017年得分为24.28,排名第10,排名上升一位。其中,电子商务规模指数、电子商务渗透指数排名都有所上升,电子商务成长指数排名下降幅度较大,从第13下降到第29,说明湖北省在电子商务成长方面仍有较大发展空间。

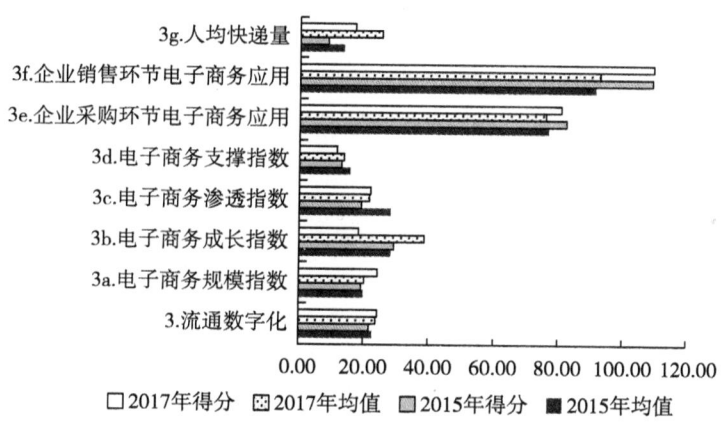

图10-4 湖北省流通数字化指数及其分项指数的得分及均值比较

五、政府数字化指数

在政府数字化方面,如图10-5所示,湖北省2015年得分为86.87,

排名第 4；2017 年得分为 78.96，排名第 21，排名下降 17 位。2017 年政府数字化各项指标得分均低于平均值，且总体相较于 2015 年呈下降趋势。其中，下降幅度最大的是在线服务成熟度，2015 年排名第 6，2017 年排名第 27，得分也从 95.00 下降到了 63.06，下降趋势最为明显。

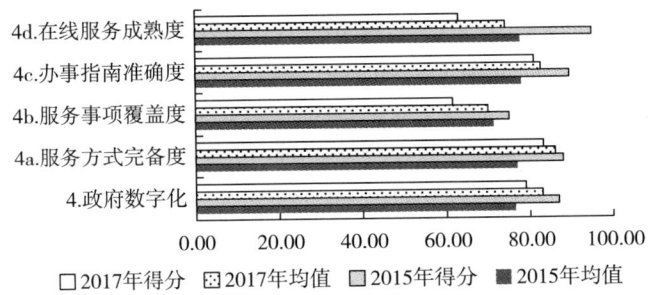

图 10-5　湖北省政府数字化指数及其分项指数的得分及均值比较

11　河北省

2015 年		2017 年		两年平均	
得分：56.35	排名：11	得分：64.37	排名：11	得分：60.36	排名：11

一、各指标体系得分及排名

2015 年河北省数字化得分为 56.35，排名第 11；2017 年得分为 64.37，排名第 11，相较 2015 年，数字化得分增加了 8.02。总体来说，河北省数字化得分保持在中上游水平，如表 11-1、图 11-1 所示，在生产数字化方面，河北省的排名处于中游水平，其中，中小企业信息化服务平台数排名名列前茅；在消费数字化方面，河北省的排名处于中上游水平，其中，城（省）域网出口带宽和固定宽带普及率排名靠前；在流通数字化方面，河北省排名仍处于中游偏上的水平，其中，人均快递量排名稳定在前 10；

在政府数字化方面,河北省排名处于中下游水平,其中,在线服务成熟度排名下降幅度最大,从第 4 名下降至第 23 名。

表 11 – 1　河北省数字化指数及其分项指数的得分及排名

指标名称	2015 年		2017 年	
	得分	排名	得分	排名
1. 生产数字化	67.33	16	71.50	13
1a. 企业 ERP 普及率	66.49	17	70.31	13
1b. 企业 MES 普及率	71.87	15	74.62	18
1c. 企业 PLM 普及率	57.74	17	67.97	12
1d. 企业 SCM 普及率	62.75	14	63.90	15
1e. 企业装备数控化率	69.78	2	71.72	9
1f. 中小企业信息化服务平台数	150.00	5	150.00	2
1g. 重点行业典型企业信息化专项规划	78.66	4	80.02	8
2. 消费数字化	74.72	12	98.50	11
2a. 移动电话普及率	60.77	21	65.85	15
2b. 互联网普及率	65.36	12	68.94	12
2c. 城(省)域网出口带宽	95.89	6	161.43	7
2d. 固定宽带普及率	76.18	11	97.71	9
2e. 固定宽带端口平均速率	81.82	15	126.42	26
3. 流通数字化	22.65	10	19.24	14
3a. 电子商务规模指数	22.83	9	17.25	12
3b. 电子商务成长指数	17.78	25	25.77	21
3c. 电子商务渗透指数	19.09	17	14.35	20
3d. 电子商务支撑指数	12.30	10	11.03	11
3e. 企业采购环节电子商务应用	76.17	18	74.46	14
3f. 企业销售环节电子商务应用	92.31	15	95.72	14
3g. 人均快递量	7.40	10	15.88	9
4. 政府数字化	69.44	22	75.98	27
4a. 服务方式完备度	69.00	22	79.70	26
4b. 服务事项覆盖度	59.26	25	62.18	26

续表

指标名称	2015 年		2017 年	
	得分	排名	得分	排名
4c. 办事指南准确度	69.67	26	71.79	27
4d. 在线服务成熟度	96.30	4	67.82	23

生产数字化指数 2015 年得分 67.33，排名第 16；2017 年得分 71.50，排名第 13，排名上升 3 位。

消费数字化指数 2015 年得分 74.72，排名第 12；2017 年得分 98.50，排名第 11，排名上升 1 位。

流通数字化指数 2015 年得分 22.65，排名第 10；2017 年得分 19.24，排名第 14，排名下降 4 位。

政府数字化指数 2015 年得分 69.44，排名第 22；2017 年得分 75.98，排名第 27，排名下降 5 位。

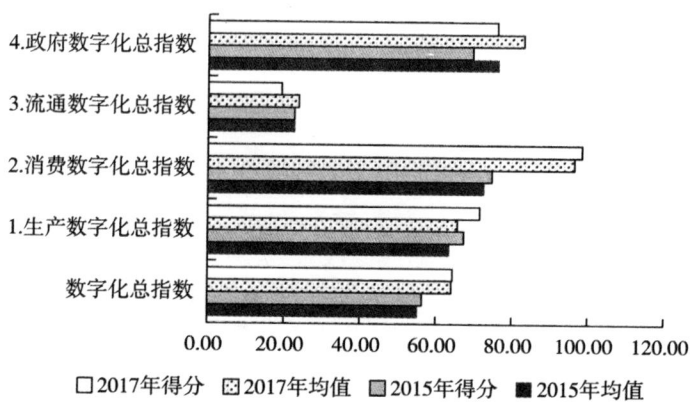

图 11-1　河北省数字化指数及其分项指数的得分及均值比较

二、生产数字化指数

在生产数字化方面,如图11-2所示,河北省生产数字化2015年得分67.33,排名第16,2017年得分71.50,排名第13,两年得分均略高于均值。相较于2015年,企业ERP普及率和企业PLM普及率排名从中下游上升至中上游水平。中小企业信息化服务平台数得分不变,排名上升至第2,表明全国中小企业信息化服务平台数整体增加。然而,其他各项指标得分虽然有所增加,但是排名却略有下降。

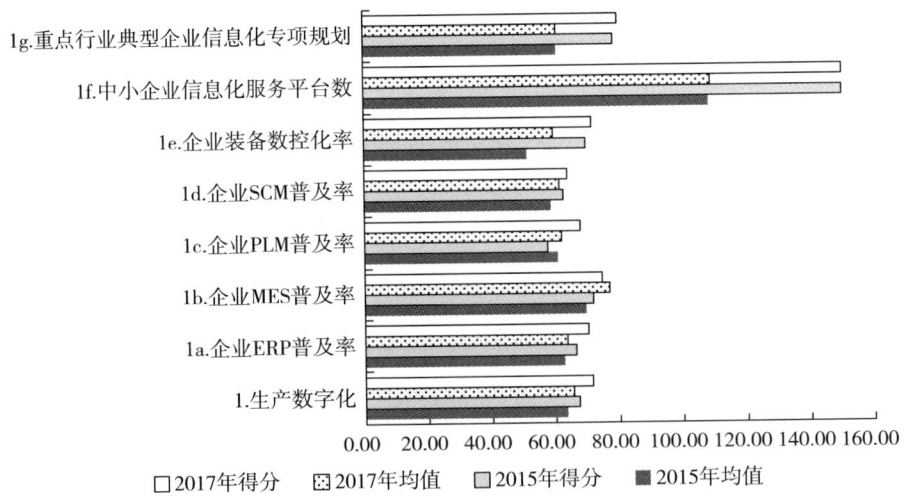

图11-2 河北省生产数字化指数及其分项指数的得分及均值比较

三、消费数字化指数

在消费数字化方面,如图11-3所示,河北省2015年消费数字化指数得分为74.72,排名第12,2017年得分为98.50,排名第11。尽管分数有明显提升,但是排名仅上升1位,反映了全国消费数字化方面的迅速进步,河北省保持稳定发展。其中,移动电话普及率排名从第21上升至第15。然而,固定宽带端口平均速率得分虽然提高了44.60分,排名却从第15下降到第26,说明其他省份固定宽带端口平均速率进步速度显著加快。

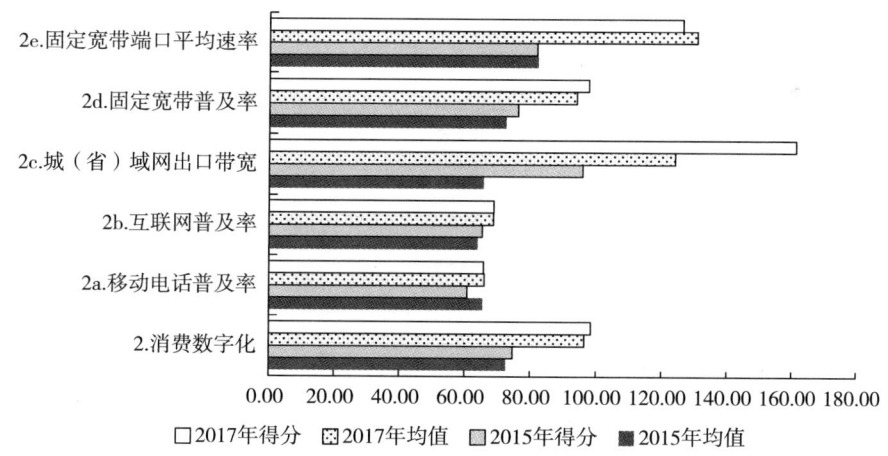

图11-3 河北省消费数字化指数及其分项指数的得分及均值比较

四、流通数字化指数

在流通数字化方面,如图 11-4 所示,河北省 2015 年流通数字化指数得分为 22.65,排名第 10,2017 年得分为 19.24,排名第 14。河北省流通数字化各项指标基本处在全国中上游水平,只有电子商务成长指数和电子商务渗透指数排在 20 名左右。

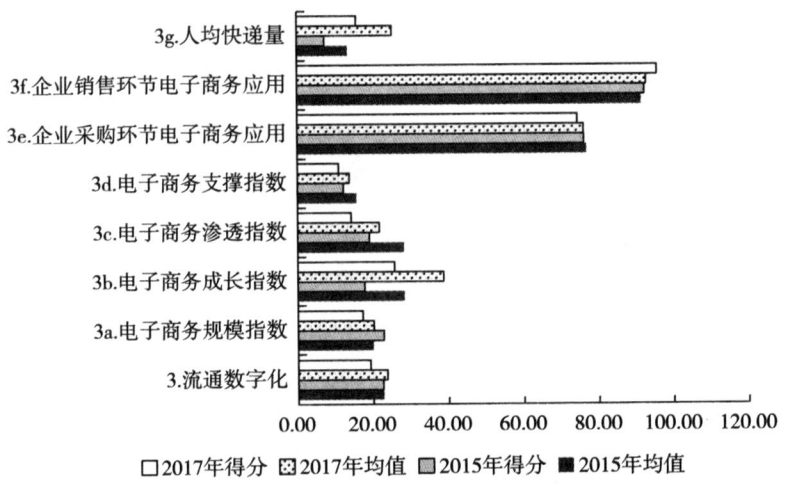

图 11-4　河北省流通数字化指数及其分项指数的得分及均值比较

五、政府数字化指数

在政府数字化方面,如图 11-5 所示,河北省 2015 年政府数字化指数得分为 69.44,排名第 22;2017 年得分为 75.98,排名第 27。河北省政府数字化水平各项指标得分虽然大部分有小幅增加,但是排名大多下降至第 25 名之后。其中在线服务成熟度下降幅度最大,从排名第 4 下滑至第 23。

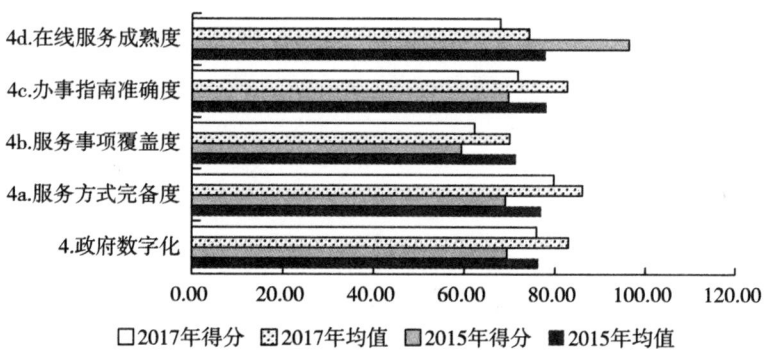

图 11-5　河北省政府数字化指数及其分项指数的得分及均值比较

12　重庆市

2015 年		2017 年		两年平均	
得分：53.56	排名：14	得分：62.81	排名：12	得分：58.18	排名：13

一、各指标体系得分及排名

2015 年重庆市数字化得分为 53.56，排名第 14；2017 年得分为 62.81，排名第 12。相较 2015 年，数字化得分增加了 9.25 且排名略有上升，处于中上游水平，如表 12 - 1、图 12 - 1 所示。生产数字化得分与排名均有所下降，其中，企业装备数控化率下降幅度最大；消费数字化有所进步，排名上升了 5 位；流通数字化处于中游水平，排名略有上升；政府数字化上升幅度较大，总指数和各项指标的得分与排名均有所提高，服务事项覆盖度上升幅度最大，从排名第 31 上升到第 5。

表 12 -1 重庆市数字化指数及其分项指数的得分及排名

指标名称	2015 年		2017 年	
	得分	排名	得分	排名
1. 生产数字化	67.51	15	61.26	20
1a. 企业 ERP 普及率	68.00	13	60.44	19
1b. 企业 MES 普及率	67.55	16	71.07	19
1c. 企业 PLM 普及率	58.44	16	50.40	25
1d. 企业 SCM 普及率	60.83	17	63.36	16
1e. 企业装备数控化率	60.60	10	28.54	31
1f. 中小企业信息化服务平台数	150.00	13	150.00	11
1g. 重点行业典型企业信息化专项规划	64.47	14	67.66	16
2. 消费数字化	74.16	13	100.47	8
2a. 移动电话普及率	61.82	20	65.67	16
2b. 互联网普及率	62.32	17	67.51	17
2c. 城（省）域网出口带宽	64.84	16	114.67	18
2d. 固定宽带普及率	79.25	10	104.37	6
2e. 固定宽带端口平均速率	76.32	22	126.36	27
3. 流通数字化	16.51	15	20.46	13
3a. 电子商务规模指数	11.33	17	13.34	14
3b. 电子商务成长指数	35.90	10	59.82	4
3c. 电子商务渗透指数	22.62	14	15.43	17
3d. 电子商务支撑指数	6.34	23	4.44	23
3e. 企业采购环节电子商务应用	76.04	19	62.71	19
3f. 企业销售环节电子商务应用	76.75	20	76.00	21
3g. 人均快递量	6.80	11	10.69	16
4. 政府数字化	61.03	30	81.48	19
4a. 服务方式完备度	62.00	29	80.98	23
4b. 服务事项覆盖度	50.33	31	78.59	5
4c. 办事指南准确度	73.04	22	88.51	13
4d. 在线服务成熟度	54.68	31	83.16	8

生产数字化指数 2015 年得分 67.51，排名第 15；2017 年得分 61.26，排名第 20，排名下降了 5 位。

消费数字化指数 2015 年得分 74.16，排名第 13；2017 年得分 100.47，排名第 8，排名上升 5 位。

流通数字化指数 2015 年得分 16.51，排名第 15；2017 年得分 20.46，排名第 13，排名上升 2 位。

政府数字化指数 2015 年得分 61.03，排名第 30；2017 年得分 81.48，排名第 19，排名上升 11 位。

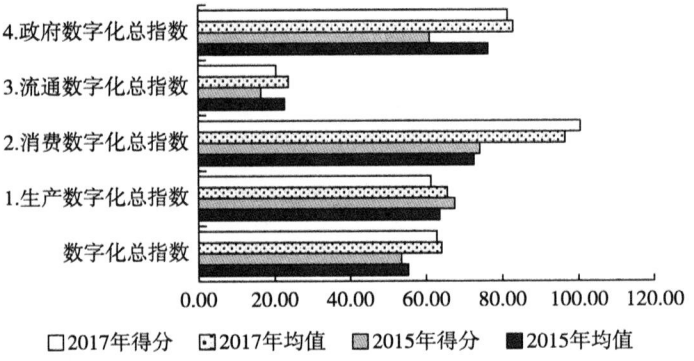

图 12-1　重庆市数字化指数及其分项指数的得分及均值比较

二、生产数字化指数

在生产数字化方面，如图 12-2 所示，重庆市生产数字化 2015 年得分为 67.51，排名第 15，2017 年得分为 61.26，排名第 20。得分与排名都有所下降，其中，企业 PLM 普及率从第 16 下降到了第 25，企业装备数控化率从第 10 降到了第 31，下降趋势非常明显。

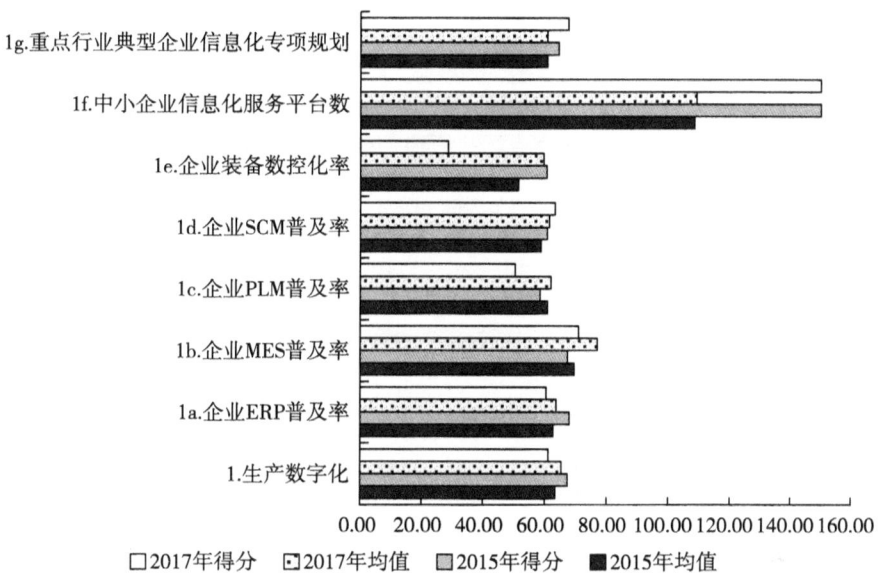

图 12-2 重庆市生产数字化指数及其分项指数的得分及均值比较

三、消费数字化指数

在消费数字化方面，如图 12-3 所示，重庆市 2015 年消费数字化得分为 74.16，排名第 13，2017 年得分为 100.47，排名第 8，得分增加了

26.31，排名上升了5位。其中，移动电话普及率排名从第20上升到第16，固定宽带普及率从第10上升到了第6。

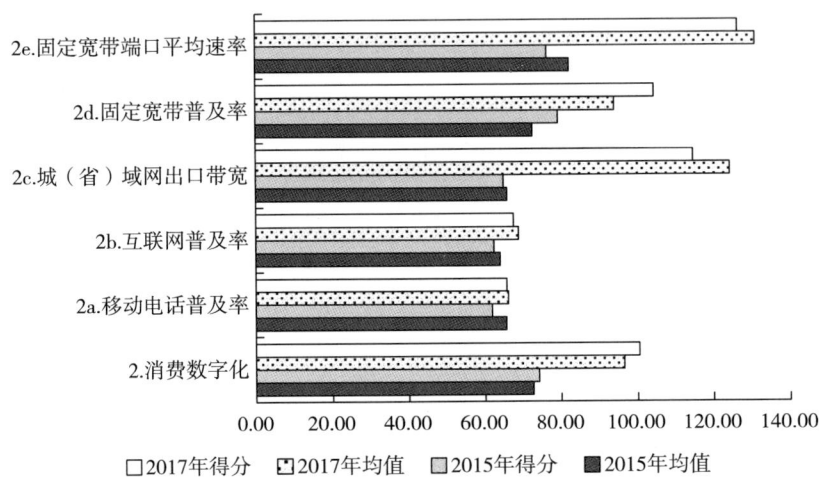

图12－3 重庆市消费数字化指数及其分项指数的得分及均值比较

四、流通数字化指数

在流通数字化方面，如图12－4所示，重庆市2015年流通数字化得分为16.51，排名第15，2017年得分为20.46，排名第13。其中，电子商务规模指数从排名第17上升到第14，电子商务成长指数排名从第10上升到第4，进步较大。

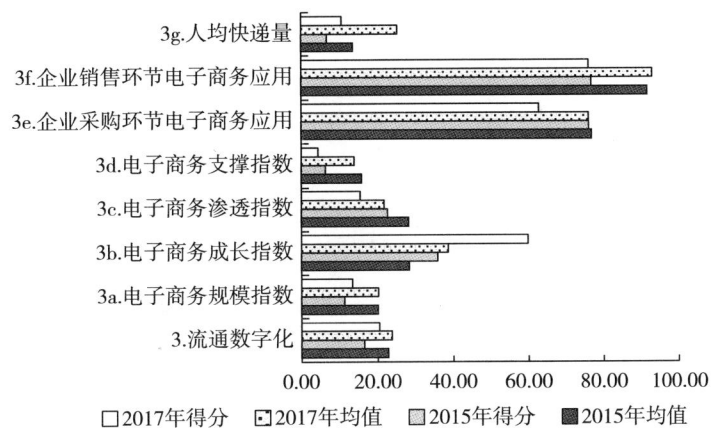

图12-4 重庆市流通数字化指数及其分项指数的得分及均值比较

五、政府数字化指数

在政府数字化方面,如图12-5所示,重庆市2015年政府数字化得分为61.03,排名第30;2017年政府数字化得分为81.48,排名第19,上升了11位。四个指标的得分与排名均有大幅提升,进步趋势明显。服务方式完备度排名从第29上升到第23;服务事项覆盖度排名从第31上升到了第5;办事指南准确度排名从第22上升到了第13;在线服务成熟度排名从第31上升到了第8。

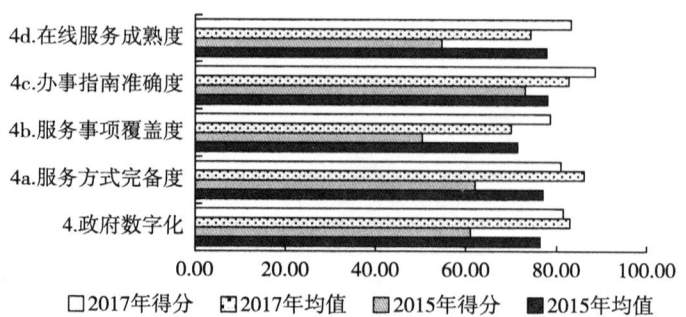

图12-5 重庆市政府数字化指数及其分项指数的得分及均值比较

13 贵州省

2015 年		2017 年		两年平均	
得分：52.06	排名：18	得分：62.62	排名：13	得分：57.34	排名：15

一、各指标体系得分及排名

2015 年贵州省数字化得分为 52.06，排名第 18；2017 年得分为 62.62，排名第 13，相较 2015 年，数字化得分增加了 10.56，总体来说，处于中游水平，如表 13-1、图 13-1 所示。生产数字化排名上升了 4 位，其中，进步最大的是企业 SCM 普及率，排名上升了 13 位；贵州省的消费数字化排名靠后，尤其是互联网普及率和固定宽带普及率仍有很大的进步空间；流通数字化处于中游水平，其电子商务成长指数名列前茅；政府数字化两年都排名第 2。

表 13 – 1　贵州省数字化指数及其分项指数的得分及排名

指标名称	2015 年		2017 年	
	得分	排名	得分	排名
1. 生产数字化	70.16	13	77.22	9
1a. 企业 ERP 普及率	68.67	11	76.45	6
1b. 企业 MES 普及率	83.94	8	91.96	11
1c. 企业 PLM 普及率	60.66	13	65.24	14
1d. 企业 SCM 普及率	60.51	18	71.19	5
1e. 企业装备数控化率	64.72	7	76.84	4
1f. 中小企业信息化服务平台数	150.00	4	116.1	17
1g. 重点行业典型企业信息化专项规划	49.39	21	55.43	19
2. 消费数字化	59.83	28	83.02	31
2a. 移动电话普及率	59.25	23	61.87	23
2b. 互联网普及率	51.71	30	60.00	29
2c. 城（省）域网出口带宽	46.73	23	101.09	25
2d. 固定宽带普及率	54.37	28	72.97	31
2e. 固定宽带端口平均速率	78.32	21	128.66	22
3. 流通数字化	13.07	20	16.85	16
3a. 电子商务规模指数	4.70	25	6.02	21
3b. 电子商务成长指数	51.27	2	69.69	2
3c. 电子商务渗透指数	14.01	26	17.22	15
3d. 电子商务支撑指数	3.02	31	2.58	28
3e. 企业采购环节电子商务应用	78.90	16	83.97	12
3f. 企业销售环节电子商务应用	95.83	14	105.19	12
3g. 人均快递量	1.99	28	4.41	26
4. 政府数字化	91.47	2	94.89	2
4a. 服务方式完备度	95.00	2	97.00	3
4b. 服务事项覆盖度	79.55	9	88.18	2
4c. 办事指南准确度	79.87	12	90.08	9
4d. 在线服务成熟度	92.48	8	91.50	2

生产数字化指数 2015 年得分 70.16，排名第 13；2017 年得分 77.22，排名第 9，排名上升了 4 位。

消费数字化指数 2015 年得分 59.83，排名第 28；2017 年得分 83.02，排名第 31，排名下降 3 位。

流通数字化指数 2015 年得分 13.07，排名第 20；2017 年得分 16.85，排名第 16，排名上升 4 位。

政府数字化指数 2015 年得分 91.47，排名第 2；2017 年得分 94.89，排名第 2，排名不变。

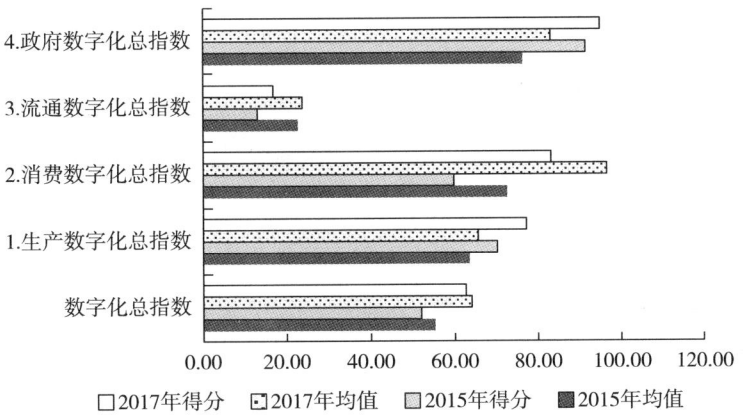

图 13-1 贵州省数字化指数及其分项指数的得分及均值比较

二、生产数字化指数

在生产数字化方面，如图 13-2 所示，贵州省生产数字化指数 2015 年得分为 70.16，排名第 13；2017 年得分为 77.22，排名第 9。其中，企业

ERP普及率从排名第11上升到了排名第6,企业SCM普及率从排名第18上升到了第5,进步趋势明显。

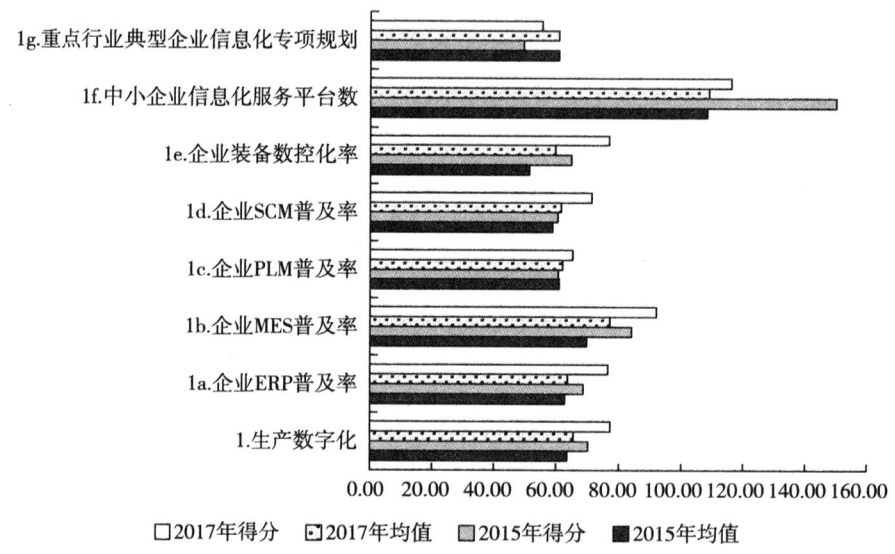

图13-2 贵州省生产数字化指数及其分项指数的得分及均值比较

三、消费数字化指数

在消费数字化方面,如图13-3所示,贵州省消费数字化指数2015年得分为59.83,排名第28;2017年得分为83.02,排名第31。虽然得分有所增加,但排名仍有所下降,说明全国消费数字化整体得到了快速的发展。分项指数的得分都有所增加但排名并没有大幅提升,尤其是城(省)

域网出口带宽,得分从46.73增加到了101.09,但其排名从第23下降到了第25。

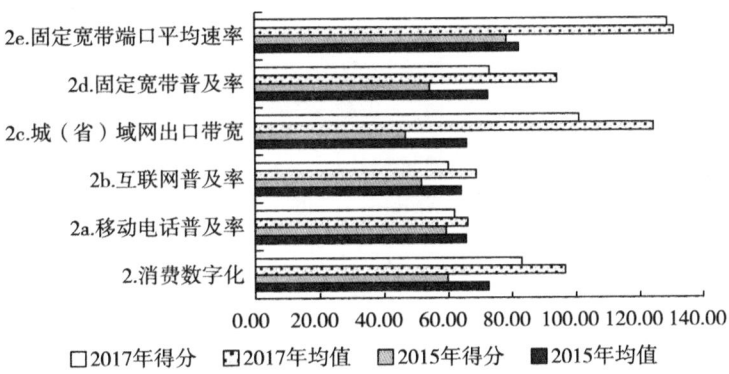

图13-3　贵州省消费数字化指数及其分项指数的得分及均值比较

四、流通数字化指数

在流通数字化方面,如图13-4所示,贵州省2015年流通数字化指数得分为13.07,排名第20;2017年得分为16.85,排名第16。分项数字化得分与排名存在两极分化的问题,电子商务成长指数两年都排名第2,电子商务支撑指数2015年排名第31,2017年排名第28。说明贵州省流通数字化目前发展水平较低且成长空间较大。

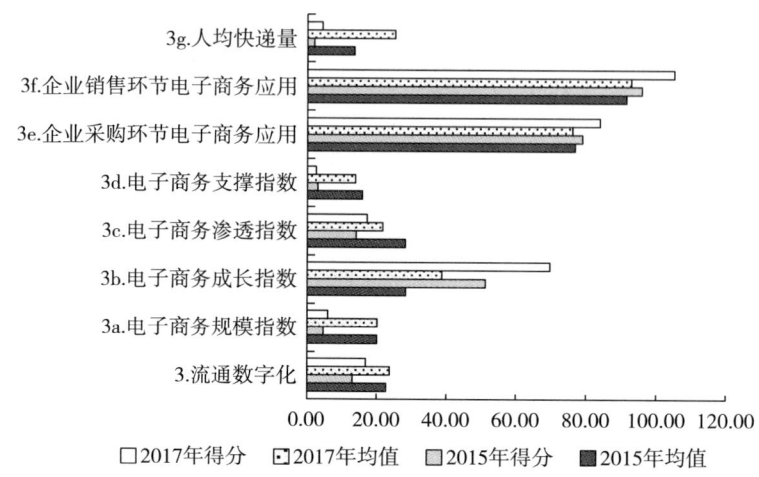

图 13 - 4　贵州省流通数字化指数及其分项指数的得分及均值比较

五、政府数字化指数

在政府数字化方面，如图 13 - 5 所示，贵州省 2015 年政府数字化得分为 91.47，2017 年得分为 94.89，两年都排名第 2。其中，服务方式完备度的发展最好，两年排名分别为第 2 和第 3。

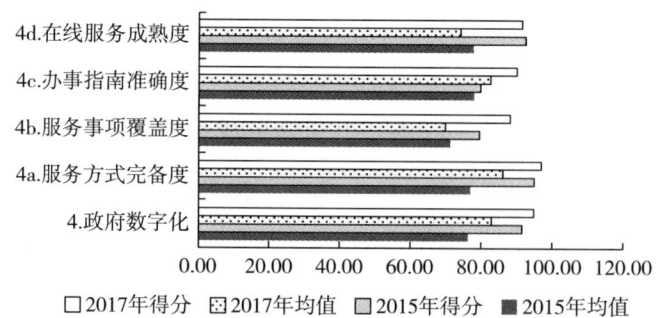

图 13 - 5　贵州省政府数字化指数及其分项指数的得分及均值比较

14 湖南省

2015 年		2017 年		两年平均	
得分：54.24	排名：12	得分：62.33	排名：14	得分：58.29	排名：12

一、各指标体系得分及排名

2015 年湖南省数字化得分为 54.24，排名第 12；2017 年得分为 62.33，排名第 14。相较 2015 年，数字化得分增加了 8.09，但排名下降了 2 位。这说明湖南省数字化水平在全国处于中游，而其他省份数字化发展得更快，如表 14-1、图 14-1 所示。在生产数字化方面，湖南省处于中上游水平，2015 年企业 ERP 普及率和企业 SCM 普及率排名均位于第 6，处于全国前十的地位；在消费数字化方面，湖南省处于中下游水平，其中，固定宽带端口平均速率得分虽然增加了 42.39 分,但排名从第 8 下降到了第 21,下降幅度最大,说明其他省份固定宽带端口平均速率上升幅度更大;在流通数字化方面,湖南省排名从第 16 上升至第 12,总体呈上升趋势,其中,电子商务渗透指数从第 22 上升至第 10,上升幅度最大;在政府数字化方面,湖南省处于中游地位,但总体呈下降趋势,其中,下降幅度最大的是服务事项覆盖度,排名从第 7 下降到第 24,得分也从 82.82 下降至 62.83。

表 14-1 湖南省数字化指数及其分项指数的得分及排名

指标名称	2015 年 得分	2015 年 排名	2017 年 得分	2017 年 排名
1. 生产数字化	73.38	7	70.77	14
1a. 企业 ERP 普及率	72.70	6	68.98	14
1b. 企业 MES 普及率	82.28	10	85.03	12
1c. 企业 PLM 普及率	67.39	11	67.27	13
1d. 企业 SCM 普及率	67.39	6	62.05	18
1e. 企业装备数控化率	52.27	15	44.81	26
1f. 中小企业信息化服务平台数	135.94	14	139.50	14
1g. 重点行业典型企业信息化专项规划	73.42	11	70.90	14
2. 消费数字化	65.67	23	87.56	26
2a. 移动电话普及率	53.45	29	55.04	29
2b. 互联网普及率	55.52	24	61.12	25
2c. 城(省)域网出口带宽	63.97	17	124.47	15
2d. 固定宽带普及率	62.40	24	82.19	26
2e. 固定宽带端口平均速率	86.32	8	128.71	21
3. 流通数字化	14.76	16	21.41	12
3a. 电子商务规模指数	11.25	18	15.36	13
3b. 电子商务成长指数	20.53	24	44.29	13
3c. 电子商务渗透指数	16.47	22	22.42	10
3d. 电子商务支撑指数	6.90	20	6.25	17

续表

指标名称	2015年		2017年	
	得分	排名	得分	排名
3e. 企业采购环节电子商务应用	114.46	5	114.07	6
3f. 企业销售环节电子商务应用	122.06	7	124.05	6
3g. 人均快递量	4.69	18	8.63	18
4. 政府数字化	80.98	13	84.11	17
4a. 服务方式完备度	78.00	17	89.20	17
4b. 服务事项覆盖度	82.82	7	62.83	24
4c. 办事指南准确度	91.02	3	80.74	19
4d. 在线服务成熟度	97.52	3	74.66	17

生产数字化指数2015年得分73.38，排名第7；2017年得分70.77，排名第14，下降了7位。

消费数字化指数2015年得分65.67，排名第23；2017年得分87.56，排名第26，排名略有下降。

流通数字化指数2015年得分14.76，排名第16；2017年得分21.41，排名第12，排名上升了4位。

政府数字化指数2015年得分80.98，排名第13；2017年得分84.11，排名第17，排名下降4位。

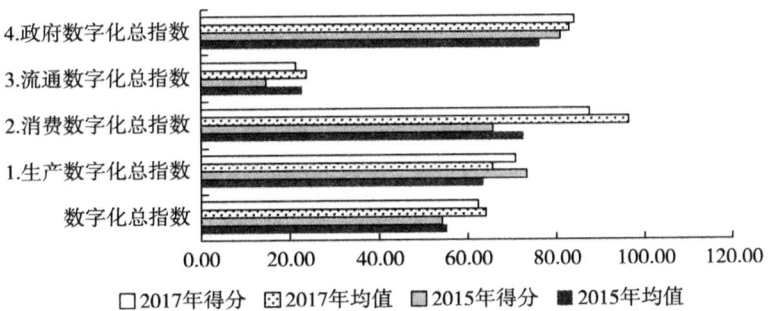

图14-1 湖南省数字化指数及其分项指数的得分及均值比较

二、生产数字化指数

在生产数字化方面,如图14-2所示,湖南省生产数字化2015年得分为73.38,排名第7;2017年得分为70.77,排名第14。虽然排名下降了7位,但两年的得分都比均值高,说明湖南省生产数字化的水平显著高于平均水平。相较2015年,几乎所有的指标得分都有所下降,其中,下降幅度最大的是企业SCM普及率,排名从第6下降到了第18。

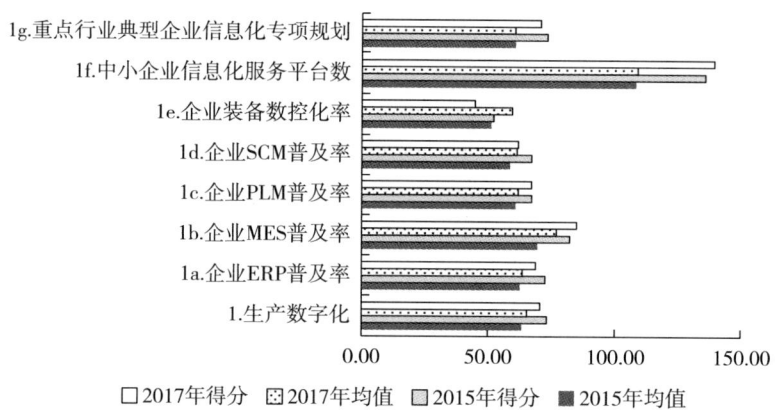

图14-2　湖南省生产数字化指数及其分项指数的得分及均值比较

三、消费数字化指数

在消费数字化方面,如图14-3所示,湖南省消费数字化指数2015年得分为65.67,排名第23;2017年得分为87.56,排名第26。虽然得分有了大幅提升,但排名仍有所下降,说明全国消费数字化整体得到了快速的发展。湖南省消费数字化指数两年得分均低于平均值,说明湖南省在消费数字化方面低于全国平均水平。

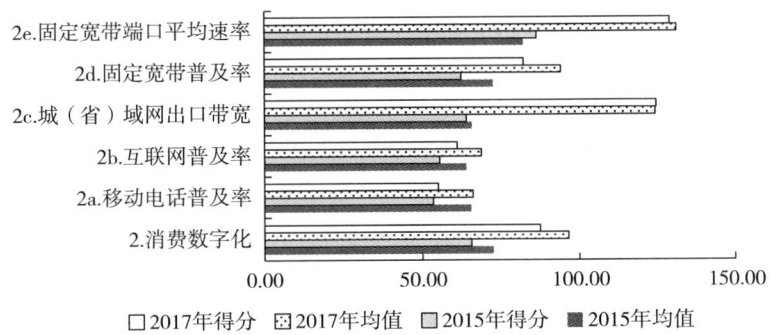

图14-3 湖南省消费数字化指数及其分项指数的得分及均值比较

四、流通数字化指数

在流通数字化方面,如图14-4所示,湖南省2015年得分为14.76,排名第16;2017年得分为21.41,排名第12。除采购环节电子商务应用排名略有下降外,其余各指标均呈上升趋势。但湖南省流通数字化指数两年均低于平均值,这可能是受极端值的影响,湖南省在流通数字化方面仍有提升的空间。

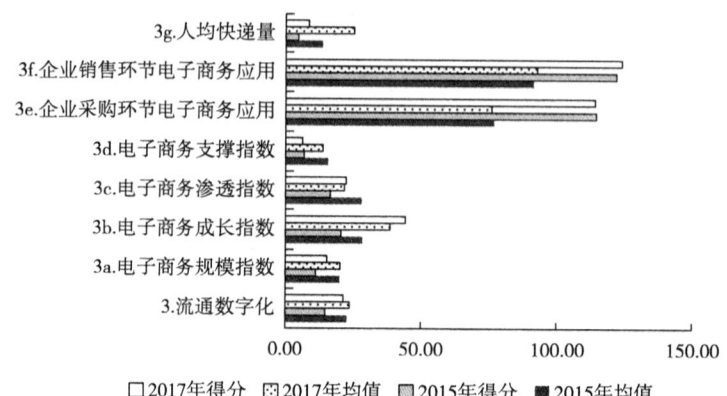

图 14-4　湖南省流通数字化指数及其分项指数的得分及均值比较

五、政府数字化指数

在政府数字化方面，如图 14-5 所示，湖南省 2015 年得分为 80.98，排名第 13；2017 年得分为 84.11，排名第 17。总体呈下降趋势，虽然湖南省政府数字化指数排名下降，但大部分指标得分都高于平均值，说明湖南省政府数字化指数高于全国平均水平。

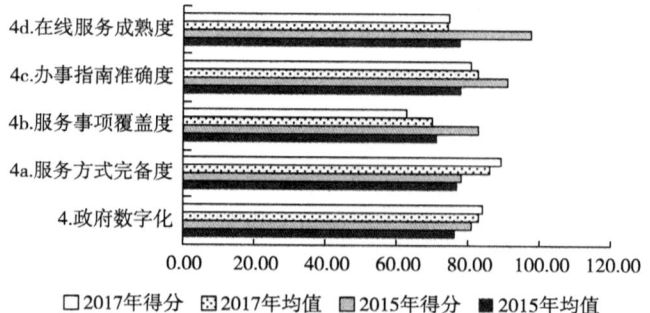

图 14-5　湖南省政府数字化指数及其分项指数的得分及均值比较

15　江西省

2015 年		2017 年		两年平均	
得分：49.61	排名：21	得分：61.79	排名：15	得分：55.70	排名：19

一、各指标体系得分及排名

2015 年江西省数字化得分为 49.61，排名第 21；2017 年得分为 61.79，排名第 15，相较 2015 年，数字化得分增加了 12.18。总体来说，江西省的数字化水平在不断发展，如表 15 - 1、图 15 - 1 所示。在生产数字化方面，江西省发展迅速，得分从 68.57 上升到 70.18，名次从第 14 下降到第 15，2017 年企业 MES 普及率下降趋势明显，但中小企业信息化服务平台数有了较大幅度的增长，排名从第 25 位上升至第 8；在消费数字化方面，江西省处于中下游水平；在流通数字化方面，江西省波动不大，其中，电子商务规模指数、电子商务渗透指数增长较快,但电子商务成长指数、电子商务支撑指数下降趋势明显;在政府数字化方面,江西省进步较大,各项指标都出现较大幅度增长,其中,发展最快的是服务方式完备度,排名从第30上升到第4。

表 15–1 江西省数字化指数及其分项指数的得分及排名

指标名称	2015 年		2017 年	
	得分	排名	得分	排名
1. 生产数字化	68.57	14	70.18	15
1a. 企业 ERP 普及率	70.92	9	71.77	11
1b. 企业 MES 普及率	78.10	12	70.17	21
1c. 企业 PLM 普及率	51.35	21	56.38	20
1d. 企业 SCM 普及率	65.01	12	66.04	13
1e. 企业装备数控化率	50.89	18	55.47	19
1f. 中小企业信息化服务平台数	70.75	25	150.00	8
1g. 重点行业典型企业信息化专项规划	43.82	24	48.73	20
2. 消费数字化	62.45	26	90.87	22
2a. 移动电话普及率	50.39	31	52.48	31
2b. 互联网普及率	50.86	31	61.31	24
2c. 城(省)域网出口带宽	70.05	11	110.90	19
2d. 固定宽带普及率	58.50	26	90.37	19
2e. 固定宽带端口平均速率	83.96	11	127.81	24
3. 流通数字化	13.23	19	14.38	18
3a. 电子商务规模指数	6.41	22	8.17	17
3b. 电子商务成长指数	41.28	6	43.10	15
3c. 电子商务渗透指数	14.14	25	15.06	18
3d. 电子商务支撑指数	7.57	17	4.51	22
3e. 企业采购环节电子商务应用	87.55	9	63.45	18
3f. 企业销售环节电子商务应用	86.32	18	77.01	20
3g. 人均快递量	5.14	17	9.47	17

续表

指标名称	2015年		2017年	
	得分	排名	得分	排名
4. 政府数字化	63.36	29	91.59	5
4a. 服务方式完备度	61.00	30	95.43	4
4b. 服务事项覆盖度	69.34	17	75.49	8
4c. 办事指南准确度	72.77	23	89.57	11
4d. 在线服务成熟度	64.45	23	83.78	7

生产数字化指数2015年得分68.57，排名第14；2017年得分70.18，排名第15，下降了1位。

消费数字化指数2015年得分62.45，排名第26；2017年得分90.87，排名第22，排名略有上升。

流通数字化指数2015年得分13.23，排名第19；2017年得分14.38，排名第18，排名略有上升。

政府数字化指数2015年得分63.36，排名第29；2017年得分91.59，排名第5，排名上升24位。

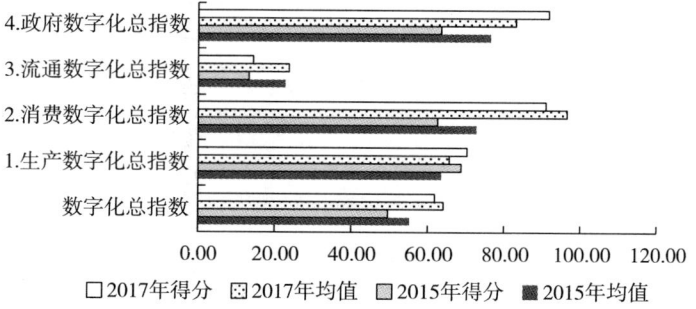

图15-1　江西省数字化指数及其分项指数的得分及均值比较

二、生产数字化指数

在生产数字化方面，如图15-2所示，江西省生产数字化2015年得分68.57，排名第14，2017年得分70.18，排名第15。两年的得分都比均值高，说明江西省生产数字化水平显著高于全国平均水平。相较2015年，企业ERP普及率、企业SCM普及率、企业装备数控化率得分虽然有小幅度上升，但排名略微降低。企业MES普及率得分下降幅度较大。中小企业信息化服务平台数、重点行业典型企业信息化专项规划得分增加，排名也呈上升趋势。其中，中小企业信息化服务平台数上升趋势最大。

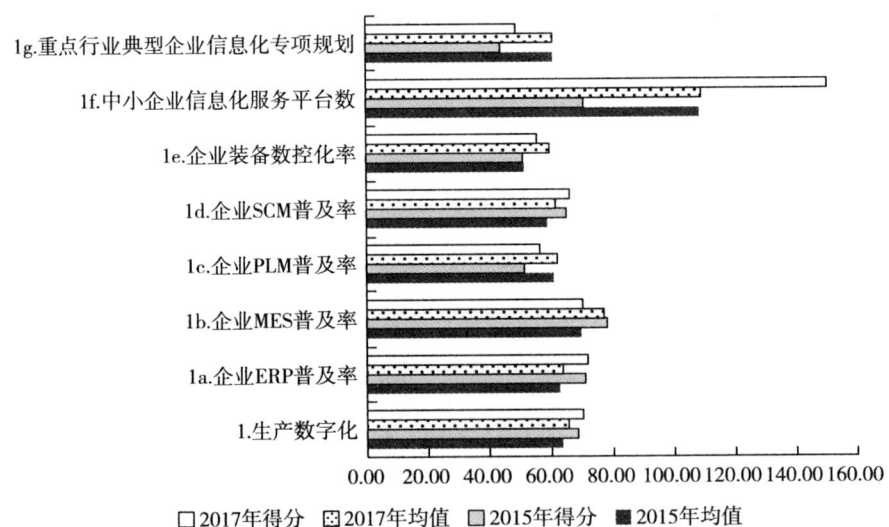

图15-2 江西省生产数字化指数及其分项指数的得分及均值比较

三、消费数字化指数

在消费数字化方面，如图15-3所示，江西省2015年消费数字化得分为62.45，排名第26，2017年得分为90.87，排名第22。虽然得分有了大幅提升，但两年得分均低于均值，说明全国消费数字化整体得到了快速发展，江西省仍有较大发展空间。尤其是在城（省）域网出口带宽和固定宽带端口平均速率方面，虽然得分增长较快，但排名下降明显，说明其他省份城（省）域网出口带宽和固定宽带端口平均速率的增长更快。

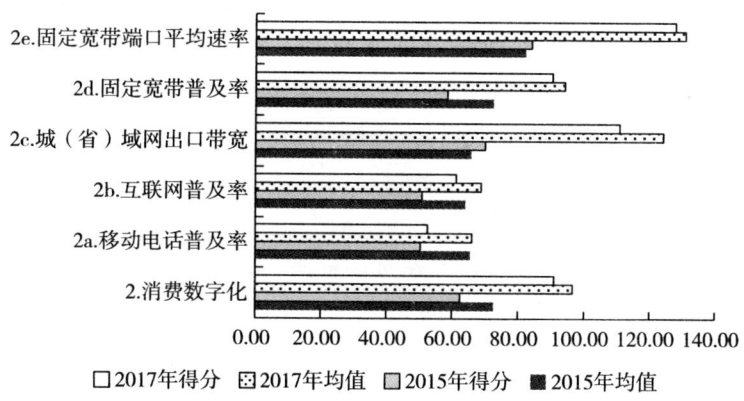

图15-3　江西省消费数字化指数及其分项指数的得分及均值比较

四、流通数字化指数

在流通数字化方面,如图15-4所示,江西省2015年流通数字化得分为13.23,排名第19。2017年得分为14.38,排名第18。得分和排名总体波动不大,但是大部分细分指标低于平均水平,说明江西省在流通数字化方面仍有较大发展空间。其中,电子商务规模指数、电子商务渗透指数排名上升,但电子商务成长指数、电子商务支撑指数、企业采购环节电子商务应用、企业销售环节电子商务应用等指标下降趋势明显。

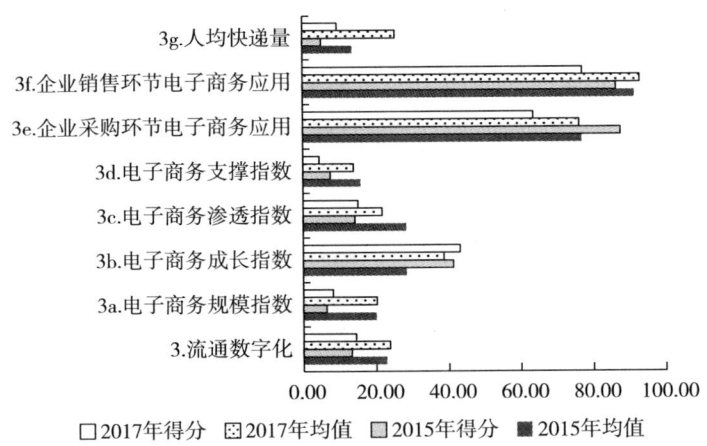

图15-4 江西省流通数字化指数及其分项指数的得分及均值比较

五、政府数字化指数

在政府数字化方面,如图15-5所示,江西省2015年政府数字化得分为63.36,排名第29;2017年政府数字化得分为91.59,排名第5。说明江西省在政府数字化方面取得了巨大成果。其中,波动最大的是服务方式完备度,2015年排名第30,2017年排名第4,得分也从61.00上升到了95.43,上升趋势明显。

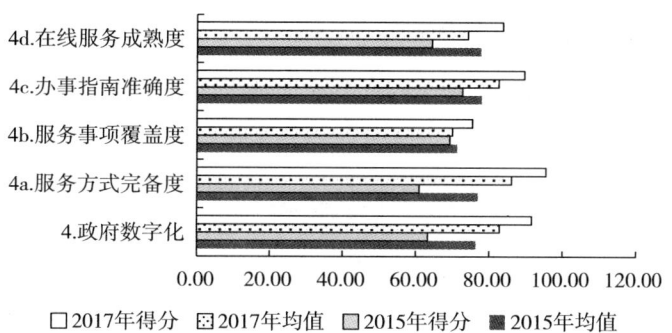

图15-5 江西省政府数字化指数及其分项指数的得分及均值比较

16 辽宁省

2015 年		2017 年		两年平均	
得分：54.11	排名：13	得分：61.03	排名：16	得分：57.57	排名：14

一、各指标体系得分及排名

2015 年辽宁省数字化得分为 54.11，排名第 13；2017 年得分为 61.03，排名第 16，相较 2015 年，数字化得分增加了 6.92。总体来说，辽宁省的数字化水平处于中游水平，如表 16-1、图 16-1 所示。在生产数字化方面，辽宁省的排名位于中游偏下的水平，其中，中小企业信息化服务平台数明显下滑，排名从第 9 下降至第 22；在消费数字化方面，辽宁省的排名位于中上等水平，其中，固定宽带端口平均速率有所进步；在流通数字化方面，辽宁省的排名波动较大，从中上游水平下降到中游偏下水平，并且各项细分指标差异较大;在政府数字化方面,辽宁省的排名位于中游水平,其中,办事指南准确度排名变化明显,从排名第20上升至第5。

表16-1 辽宁省数字化指数及其分项指数的得分及排名

指标名称	2015年 得分	2015年 排名	2017年 得分	2017年 排名
1. 生产数字化	57.59	22	63.75	18
1a. 企业ERP普及率	58.34	22	63.42	18
1b. 企业MES普及率	49.65	26	74.65	17
1c. 企业PLM普及率	52.57	20	57.04	18
1d. 企业SCM普及率	57.44	20	58.92	21
1e. 企业装备数控化率	41.53	24	47.45	24
1f. 中小企业信息化服务平台数	150.00	9	86.85	22
1g. 重点行业典型企业信息化专项规划	63.84	16	68.55	15
2. 消费数字化	79.96	7	99.78	10
2a. 移动电话普及率	69.11	8	68.11	9
2b. 互联网普及率	73.38	7	76.30	7
2c. 城(省)域网出口带宽	67.47	13	128.22	14
2d. 固定宽带普及率	85.02	7	97.71	11
2e. 固定宽带端口平均速率	79.56	18	132.32	15
3. 流通数字化	18.21	13	11.08	23
3a. 电子商务规模指数	19.41	10	7.73	18
3b. 电子商务成长指数	10.30	31	24.81	23
3c. 电子商务渗透指数	16.51	21	4.37	28
3d. 电子商务支撑指数	7.45	19	11.71	9
3e. 企业采购环节电子商务应用	43.50	24	64.41	17
3f. 企业销售环节电子商务应用	73.58	21	74.47	22
3g. 人均快递量	5.63	14	11.77	14
4. 政府数字化	73.82	19	86.45	13
4a. 服务方式完备度	74.00	18	90.70	13
4b. 服务事项覆盖度	73.58	14	69.06	14

续表

指标名称	2015 年		2017 年	
	得分	排名	得分	排名
4c. 办事指南准确度	75.44	20	91.26	5
4d. 在线服务成熟度	69.74	19	66.29	24

生产数字化指数 2015 年得分 57.59，排名第 22；2017 年得分 63.75，排名第 18，排名上升 4 位。

消费数字化指数 2015 年得分 79.96，排名第 7；2017 年得分 99.78，排名第 10，排名下降 3 位。

流通数字化指数 2015 年得分 18.21，排名第 13；2017 年得分 11.08，排名第 23，排名下降 10 位。

政府数字化指数 2015 年得分 73.82，排名第 19；2017 年得分 86.45，排名第 13，排名上升 6 位。

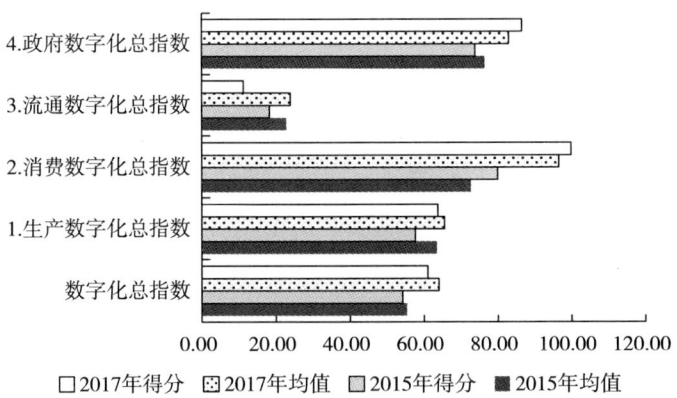

图 16-1 辽宁省数字化指数及其分项指数的得分及均值比较

二、生产数字化指数

在生产数字化方面，如图 16-2 所示，辽宁省生产数字化 2015 年得分 57.59，排名第 22；2017 年得分为 63.75，排名第 18。两年的得分都低于均值，说明辽宁省生产数字化水平略低于平均水平。相较 2015 年，基本上各项指标得分及排名都有进步，只有中小企业信息化服务平台数得分明显下降，排名下降了 13 位。

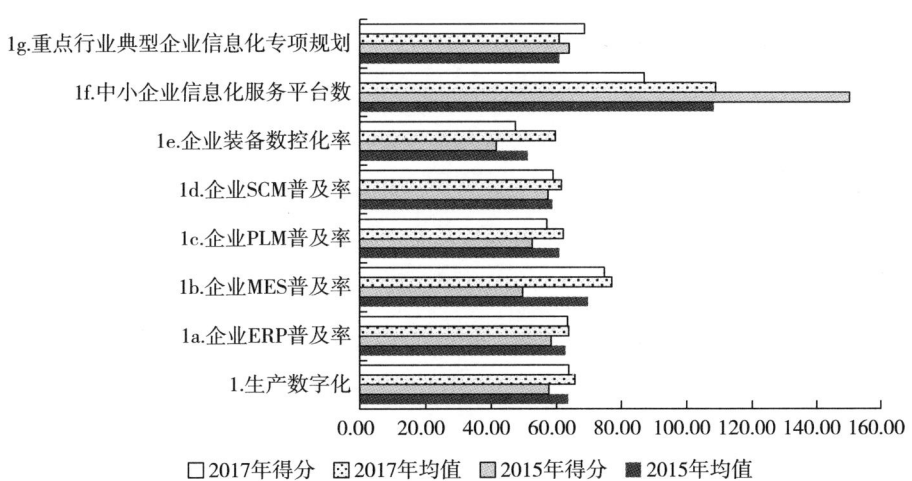

图 16-2　辽宁省生产数字化指数及其分项指数的得分及均值比较

三、消费数字化指数

在消费数字化方面,如图16-3所示,辽宁省2015年消费数字化得分为79.96,排名第7;2017年得分为99.78,排名第10,两年得分均高于均值,说明辽宁省消费数字化水平略高于全国平均水平。各项指标排名基本稳定,其中,固定宽带普及率得分增加了12.69分,但是排名下降了4位,说明辽宁省在固定宽带普及率方面发展速度略低于其他省份。

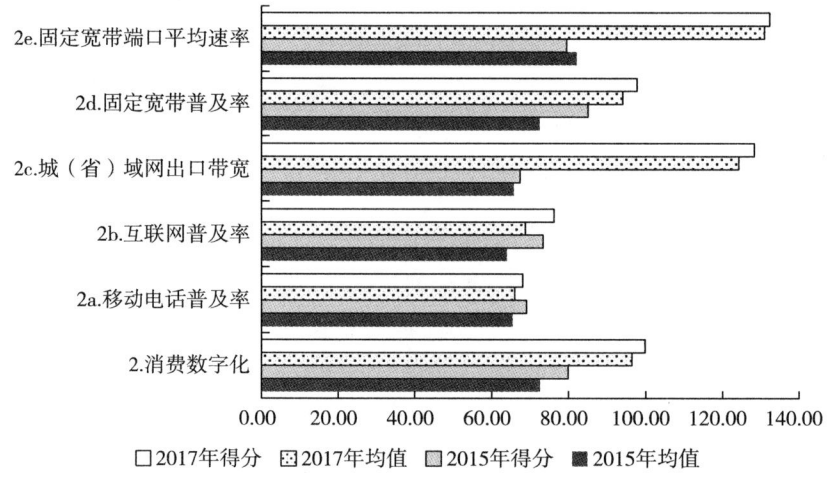

图16-3 辽宁省消费数字化指数及其分项指数的得分及均值比较

四、流通数字化指数

在流通数字化方面,如图16-4所示,辽宁省2015年流通数字化得分为18.21,排名第13;2017年得分为11.08,排名第23。两年得分显著低于均值。各项指标发展不均衡,其中,电子商务成长指数排名从第31上升至第23,电子商务支撑指数排名提升了10位。然而,电子商务规模指数和电子商务渗透指数排名分别下降8位和7位,尤其是电子商务渗透指数排名位于下游水平。人均快递量得分增加了一倍,但排名未变,表明其他省份人均快递量也有较大增长。

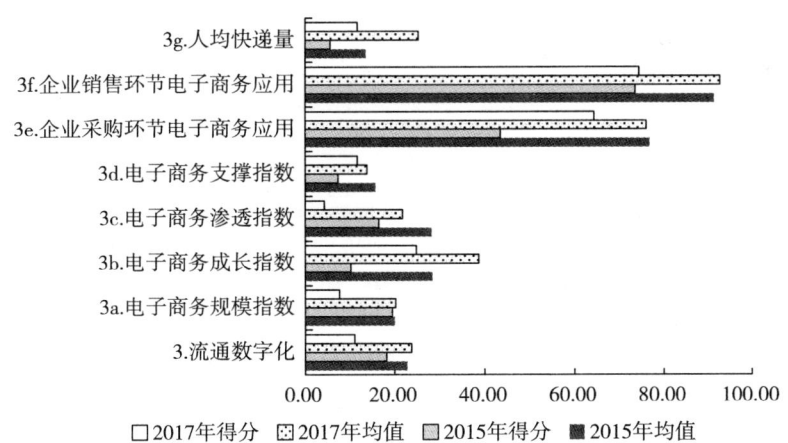

图16-4 辽宁省流通数字化指数及其分项指数的得分及均值比较

五、政府数字化指数

在政府数字化方面,如图16-5所示,辽宁省2015年政府数字化得分为73.82,排名第19;2017年得分为86.45,排名第13。其中,在线服务成熟度得分下降了3.45分,排名从第19下降至第24。相较于2015年,服务方式完备度和办事指南准确度方面得分都增加了16分左右,服务方式完备度排名上升了5位,办事指南准确度排名上升了15位,说明辽宁省办事指南准确度方面的进步比其他省份更加显著。

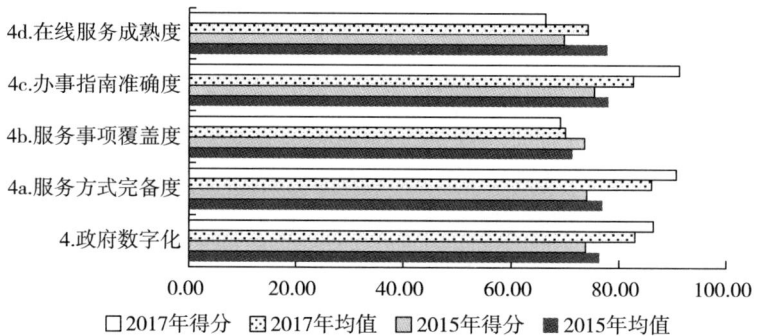

图16-5 辽宁省政府数字化指数及其分项指数的得分及均值比较

17　广西壮族自治区

2015 年		2017 年		两年平均	
得分：53.11	排名：17	得分：60.65	排名：17	得分：56.88	排名：16

一、各指标体系得分及排名

2015 年广西壮族自治区数字化得分为 53.11，排名第 17；2017 年得分为 60.65，排名第 17，相较 2015 年，数字化得分增加了 7.54。总体来说，广西壮族自治区的数字化水平处于中游水平，如表 17 - 1、图 17 - 1 所示。在生产数字化方面，广西壮族自治区的排名处于中上游水平，其中，企业 MES 普及率、企业 PLM 普及率和企业装备数控化率排名位于全国前十；在消费数字化方面，广西壮族自治区处于全国中下游水平；在流通数字化方面，2015 年广西壮族自治区排名第 21，2017 年排名第 24，其中，电子商务成长指数波动较大，从第 12 下降到第 27；在政府数字化方面，广西壮族自治区处于中游水平，办事指南准确度一直处于全国前 5 名的水平。

表 17-1　广西壮族自治区数字化指数及其分项指数的得分及排名

指标名称	2015 年		2017 年	
	得分	排名	得分	排名
1. 生产数字化	72.26	10	76.64	10
1a. 企业 ERP 普及率	69.12	10	73.11	9
1b. 企业 MES 普及率	89.13	6	95.03	9
1c. 企业 PLM 普及率	78.79	7	84.72	2
1d. 企业 SCM 普及率	64.94	13	67.80	10
1e. 企业装备数控化率	68.72	5	71.89	8
1f. 中小企业信息化服务平台数	61.12	26	66.10	24
1g. 重点行业典型企业信息化专项规划	75.62	10	80.78	7
2. 消费数字化	65.21	24	86.46	28
2a. 移动电话普及率	55.92	28	57.66	28
2b. 互联网普及率	56.12	23	62.68	23
2c. 城（省）域网出口带宽	67.21	15	109.55	22
2d. 固定宽带普及率	66.10	21	85.02	24
2e. 固定宽带端口平均速率	72.82	24	116.32	31
3. 流通数字化	12.35	21	10.41	24
3a. 电子商务规模指数	7.27	21	6.75	20
3b. 电子商务成长指数	29.30	12	18.93	27
3c. 电子商务渗透指数	17.30	19	13.45	21
3d. 电子商务支撑指数	4.29	25	3.27	25
3e. 企业采购环节电子商务应用	81.43	14	88.68	11
3f. 企业销售环节电子商务应用	97.24	13	100.07	13
3g. 人均快递量	2.61	25	6.50	20
4. 政府数字化	81.59	11	85.91	14

续表

指标名称	2015 年		2017 年	
	得分	排名	得分	排名
4a. 服务方式完备度	82.00	12	89.95	15
4b. 服务事项覆盖度	71.28	16	66.88	19
4c. 办事指南准确度	94.16	1	92.68	4
4d. 在线服务成熟度	80.38	16	68.97	20

生产数字化指数 2015 年得分 72.26，排名第 10；2017 年得分 76.64，排名第 10，排名不变。

消费数字化指数 2015 年得分 65.21，排名第 24；2017 年得分 86.46，排名第 28，排名下降 4 位。

流通数字化指数 2015 年得分 12.35，排名第 21；2017 年得分 10.41，排名第 24，排名下降了 3 位。

政府数字化指数 2015 年得分 81.59，排名第 11；2017 年得分 85.91，排名第 14，排名下降了 3 位。

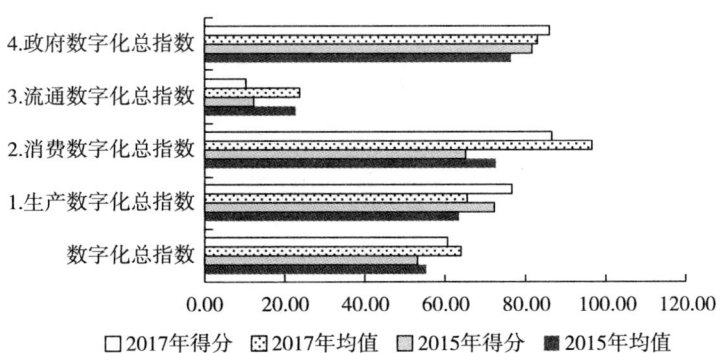

图 17-1　广西壮族自治区数字化指数及其分项指数的得分及均值比较

二、生产数字化指数

在生产数字化方面,如图 17-2 所示,广西壮族自治区生产数字化 2015 年得分为 72.26,排名第 10;2017 年得分为 76.64,排名第 10。两年的得分都比均值高,说明广西壮族自治区生产数字化的水平显著高于平均水平。相较 2015 年,企业 ERP 普及率、企业 PLM 普及率、企业 SCM 普及率、中小企业信息化服务平台数和重点行业典型企业信息化专项规划等指标得分都有所增加,其中,增长速度最快的是企业 PLM 普及率,排名从第 7 上升到了第 2。企业 MES 普及率、企业装备数控化率排名略有下降。

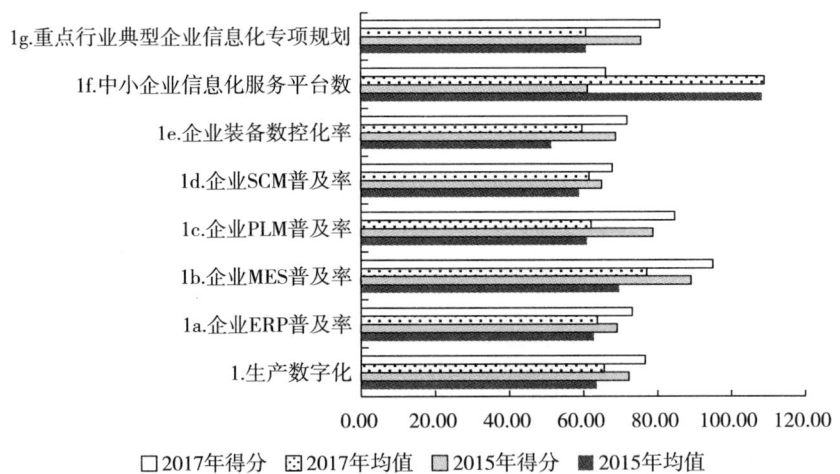

图 17-2 广西壮族自治区生产数字化指数及其分项指数的得分及均值比较

三、消费数字化指数

在消费数字化方面,如图17-3所示,广西壮族自治区2015年得分为65.21,排名第24;2017年得分为86.46,排名第28。虽然得分有了大幅提升,但排名仍有所下降,说明全国消费数字化整体得到了快速的发展。两年的得分都比均值低,说明广西壮族自治区消费数字化的水平低于全国平均水平。尤其是城(省)域网出口带宽和固定宽带端口平均速率,得分增长较多,但排名却都下降了7位。说明其他省份城(省)域网出口带宽和固定宽带端口平均速率发展更快。

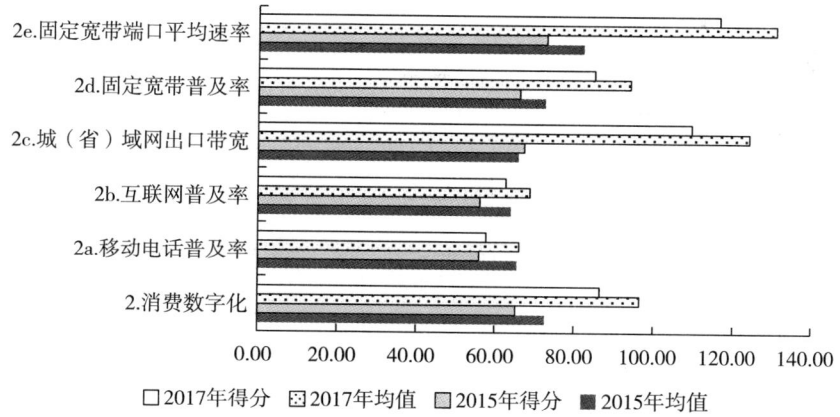

图17-3 广西壮族自治区消费数字化指数及其分项指数的得分及均值比较

四、流通数字化指数

在流通数字化方面,如图 17-4 所示,2015 年得分为 12.35,排名第 21;2017 年得分为 10.41,排名第 24,排名略有下降。两年的得分都比均值低,说明广西壮族自治区流通数字化的水平低于全国平均水平。广西壮族自治区流通数字化总体呈下降趋势,下降幅度最大的是电子商务成长指数,2015 年排名第 12,2017 年排名第 27。

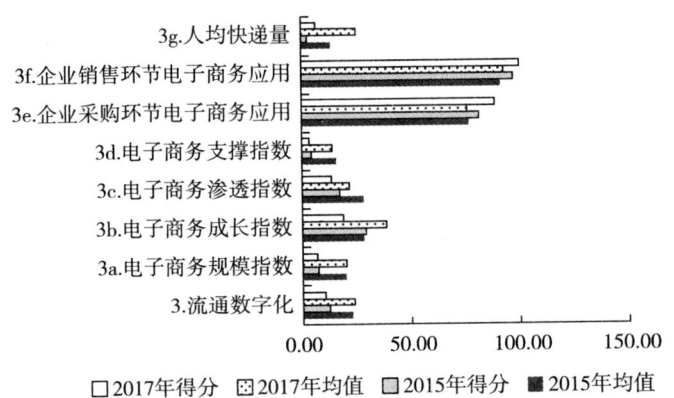

图 17-4 广西壮族自治区流通数字化指数及其分项指数的得分及均值比较

五、政府数字化指数

在政府数字化方面,如图 17-5 所示,2015 年得分为 81.59,排名第

11；2017年得分为85.91，排名第14，排名略有下降。两年的得分都比均值高，说明广西壮族自治区政府数字化的水平显著高于平均水平。广西壮族自治区政府数字化总体呈下降趋势，下降幅度最大的是在线服务成熟度，2015年排名第16，2017年排名第20。

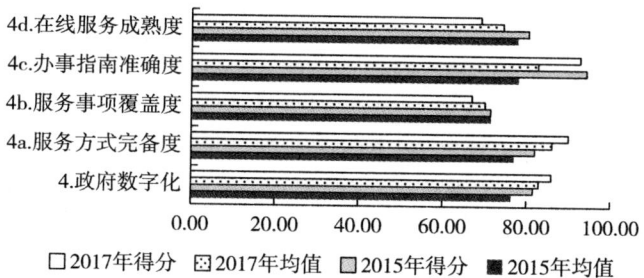

图17-5 广西壮族自治区政府数字化指数及其分项指数的得分及均值比较

18　河南省

2015 年		2017 年		两年平均	
得分：50.82	排名：20	得分：60.04	排名：18	得分：55.43	排名：20

一、各指标体系得分及排名

2015年河南省数字化得分为50.82，排名第20；2017年得分为60.04，排名第18，相较2015年，数字化得分增加了9.22。总体来说，河南省的数字化水平处于中下游水平，如表18-1、图18-1所示。在生产数字化方面，河南省两年排名均处于第19位，属于中下游水平，且总体呈下降趋势，其中，企业PLM普及率下降幅度最大；在消费数字化方面，河南省得分从67.74上升至95.94，排名从第21上升至第16，其中，移动电话普及率和互联网普及率呈下降趋势，城（省）域网出口带宽、固定宽带普及率、固定宽带端口平均速率呈上升趋势；在流通数字化方面，河南省得分从 17.96 上升到 21.99，排名从第 14 上升到第 11，处于中上游水平，其中，电子商务规模指数、电子商务成长指数、电子商务渗透指数呈上升趋势，企业采购环节电子商务应用呈下降趋势；在政府数字化方面，河南省处于下游地位，总体排名呈下降趋势。

表 18－1　河南省数字化指数及其分项指数的得分及排名

指标名称	2015 年		2017 年	
	得分	排名	得分	排名
1. 生产数字化	62.28	19	61.35	19
1a. 企业 ERP 普及率	62.05	19	60.30	20
1b. 企业 MES 普及率	53.98	24	64.02	22
1c. 企业 PLM 普及率	68.10	10	61.62	16
1d. 企业 SCM 普及率	56.39	21	54.89	23
1e. 企业装备数控化率	43.82	22	38.83	29
1f. 中小企业信息化服务平台数	150.00	6	150.00	10
1g. 重点行业典型企业信息化专项规划	44.85	22	46.72	21
2. 消费数字化	67.74	21	95.94	16
2a. 移动电话普及率	59.25	22	59.89	25
2b. 互联网普及率	53.80	26	60.19	28
2c. 城（省）域网出口带宽	94.27	7	182.59	4
2d. 固定宽带普及率	66.10	20	90.37	16
2e. 固定宽带端口平均速率	79.56	19	137.10	5
3. 流通数字化	17.96	14	21.99	11
3a. 电子商务规模指数	16.00	13	18.90	11
3b. 电子商务成长指数	25.72	17	40.44	16
3c. 电子商务渗透指数	9.82	31	11.84	23
3d. 电子商务支撑指数	8.28	15	8.35	15
3e. 企业采购环节电子商务应用	85.65	11	67.31	16

续表

指标名称	2015年 得分	2015年 排名	2017年 得分	2017年 排名
3f. 企业销售环节电子商务应用	87.10	17	86.27	17
3g. 人均快递量	5.43	15	11.23	15
4. 政府数字化	64.22	28	62.61	30
4a. 服务方式完备度	64.00	27	63.13	30
4b. 服务事项覆盖度	60.08	24	56.52	31
4c. 办事指南准确度	75.10	21	71.58	29
4d. 在线服务成熟度	59.55	27	56.19	29

生产数字化指数2015年得分62.28，排名第19；2017年得分为61.35，排名第19，排名不变。

消费数字化指数2015年得分67.74，排名第21；2017年得分95.94，排名第16，排名上升5位。

流通数字化指数2015年得分17.96，排名第14；2017年得分21.99，排名第11，排名上升3位。

政府数字化指数2015年得分64.22，排名第28；2017年得分62.61，排名第30，排名下降2位。

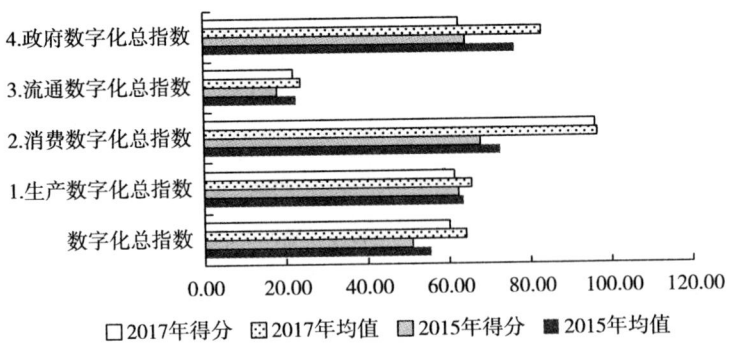

图18-1 河南省数字化指数及其分项指数的得分及均值比较

二、生产数字化指数

在生产数字化方面,如图18-2所示,河南省生产数字化2015年得分为62.28,2017年得分为61.35,均排名第19,两年的得分都比均值低,说明河南省生产数字化水平明显低于平均水平。相较2015年,企业ERP普及率、企业PLM普及率、企业SCM普及率、企业装备数控化率得分均呈下降趋势。企业装备数控化率下降幅度最大,从第22下降到第29。企业MES普及率、重点行业典型企业信息化专项规划呈上升趋势,但上升幅度有限。企业MES普及率得分从53.98上升至64.02,排名从第24上升至第22。重点行业典型企业信息化专项规划得分从44.85上升到46.72,排名从第22上升至第21。

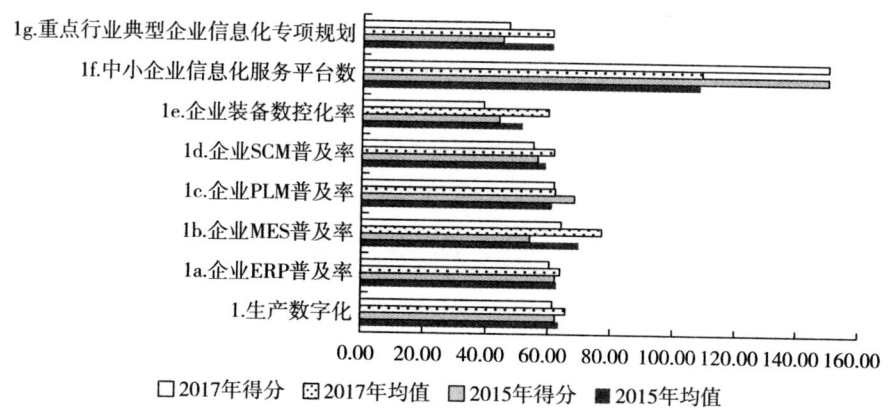

图18-2 河南省生产数字化指数及其分项指数的得分及均值比较

三、消费数字化指数

在消费数字化方面,如图18-3所示,河南省2015年消费数字化得分为67.74,排名第21,2017年得分为95.94,排名第16。得分有了大幅提升,排名也呈现上升趋势,说明河南省消费数字化整体得到了快速的发展。尤其是固定宽带端口平均速率得分增长了近一倍,排名由第19上升至第5。

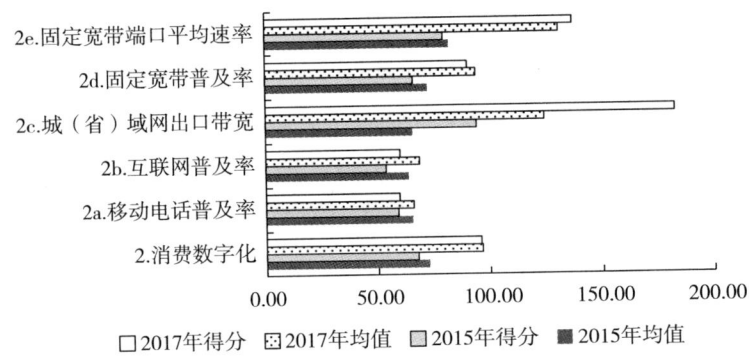

图18-3 河南省消费数字化指数及其分项指数的得分及均值比较

四、流通数字化指数

在流通数字化方面,如图18-4所示,河南省2015年得分为17.96,排名第14;2017年得分为21.99,排名第11,排名略有上升。流通数字化总体呈上升趋势，波动较小。其中，排名波动最大的是电子商务渗透指数，2015年排名第31，2017年排名第23。总体来看，河南省流通数字化仍有较大发展空间。

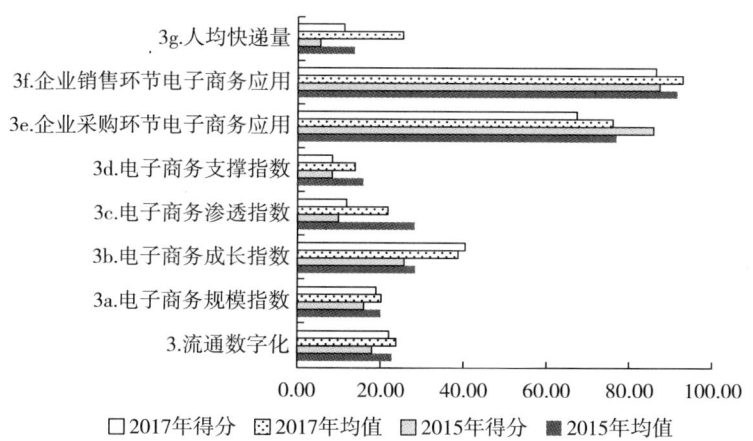

图18-4 河南省流通数字化指数及其分项指数的得分及均值比较

五、政府数字化指数

在政府数字化方面，如图18-5所示，河南省政府数字化指数2015年得分为64.22，排名第28；2017年得分为62.61，排名第30，排名下降2位。河南省整体呈下降趋势，其中，下降趋势最大的是办事指南准确度，2015年排名第21，2017年排名第29，得分也从75.10下降至71.58，下降趋势明显。

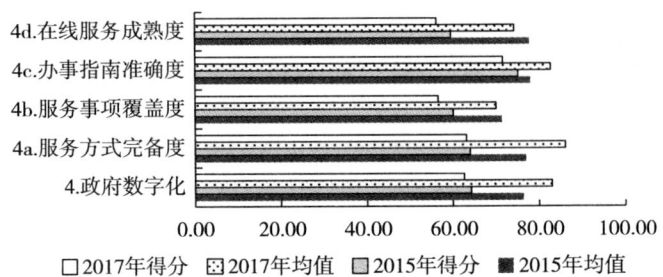

图18-5 河南省政府数字化指数及其分项指数的得分及均值比较

19 天津市

2015 年		2017 年		两年平均	
得分：53.11	排名：16	得分：59.40	排名：19	得分：56.25	排名：18

一、各指标体系得分及排名

2015 年天津市数字化得分为 53.11，排名第 16；2017 年得分为 59.40，排名第 19，相较 2015 年，数字化得分增加了 6.29。总体来说天津市的数字化水平处于中等水平，如表 19 - 1、图 19 - 1 所示，在生产数字化方面，天津市处于中下游水平，其中，企业 PLM 普及率排名较为靠后；在消费数字化方面，天津市处于中上游水平，其中，互联网普及率两年排名第 6，固定宽带端口平均速率 2017 年排名上升至第 1；在流通数字化方面，天津市处于中等水平，其中，电子商务成长指数从第 29 上升至第 14，而电子商务渗透指数、企业采购环节电子商务应用和企业销售环节电子商务应用水平从中上游下降至中等偏下，其他方面名次不变；在政府数字化方面，天津市排名变化较大，从排名第 14 下降至第 23，其中，服务方式完备度水平排名下降了 14 位，不过其他方面有小幅度进步。

表 19-1 天津市数字化指数及其分项指数的得分及排名

指标名称	2015 年		2017 年	
	得分	排名	得分	排名
1. 生产数字化	60.27	20	59.43	21
1a. 企业 ERP 普及率	60.67	21	56.14	23
1b. 企业 MES 普及率	66.05	17	80.93	14
1c. 企业 PLM 普及率	48.08	27	45.87	27
1d. 企业 SCM 普及率	60.39	19	61.54	20
1e. 企业装备数控化率	51.09	17	69.78	11
1f. 中小企业信息化服务平台数	104.37	19	112.4	18
1g. 重点行业典型企业信息化专项规划	63.25	18	71.37	13
2. 消费数字化	75.86	9	97.86	13
2a. 移动电话普及率	63.98	15	66.30	13
2b. 互联网普及率	75.39	6	77.79	6
2c. 城（省）域网出口带宽	55.61	20	145.99	10
2d. 固定宽带普及率	72.97	15	90.37	17
2e. 固定宽带端口平均速率	94.03	6	139.52	1
3. 流通数字化	14.28	17	14.52	17
3a. 电子商务规模指数	11.39	16	8.30	16
3b. 电子商务成长指数	10.98	29	44.24	14
3c. 电子商务渗透指数	31.92	11	10.43	25
3d. 电子商务支撑指数	10.33	12	10.19	12
3e. 企业采购环节电子商务应用	79.35	15	58.26	22
3f. 企业销售环节电子商务应用	109.87	10	81.19	19
3g. 人均快递量	16.56	7	32.24	7

续表

指标名称	2015年 得分	2015年 排名	2017年 得分	2017年 排名
4. 政府数字化	79.86	14	78.54	23
4a. 服务方式完备度	83.00	11	80.23	25
4b. 服务事项覆盖度	75.29	11	70.00	12
4c. 办事指南准确度	70.93	25	79.12	21
4d. 在线服务成熟度	65.59	22	76.12	16

生产数字化指数 2015 年得分 60.27，排名第 20；2017 年得分 59.43，排名第 21，排名下降 1 位。

消费数字化指数 2015 年得分 75.86，排名第 9；2017 年得分 97.86，排名第 13，排名下降 4 位。

流通数字化指数 2015 年得分 14.28，排名第 17；2017 年得分 14.52，排名第 17，排名不变。

政府数字化指数 2015 年得分 79.86，排名第 14；2017 年得分 78.54，排名第 23，排名下降 9 位。

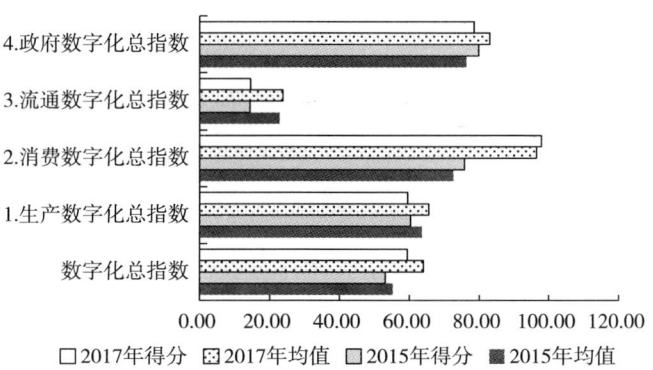

图 19-1　天津市数字化指数及其分项指数的得分及均值比较

二、生产数字化指数

在生产数字化方面，如图19-2所示，天津市生产数字化2015年得分60.27，排名第20，2017年得分59.43，排名第21，两年的得分都低于均值，说明天津市生产数字化水平低于平均水平。相较于2015年，大部分指标得分都有所增加，其中，增长速度最快的是企业装备数控化率，排名从第17上升至第11。然而，企业ERP普及率和企业SCM普及率分别下降了2位和1位。

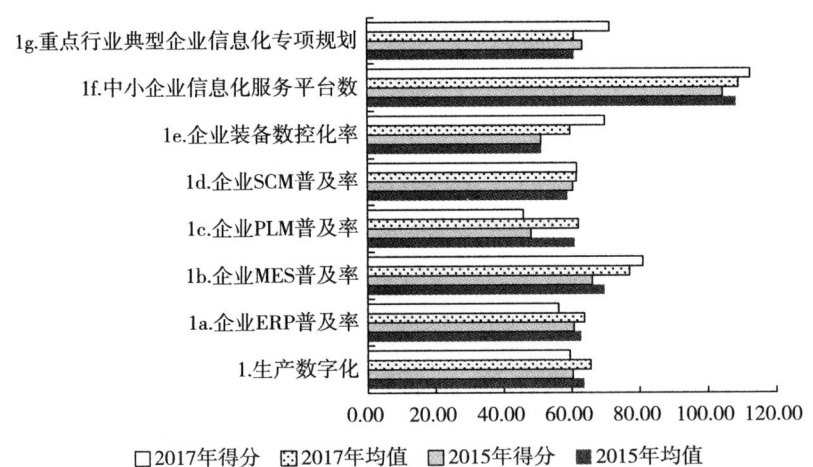

图19-2 天津市生产数字化指数及其分项指数的得分及均值比较

三、消费数字化指数

在消费数字化方面,如图19-3所示,天津市2015年消费数字化得分为75.86,排名第9;2017年得分为97.86,排名第13,尽管两年得分均高于均值且提升幅度大,但是排名略有下降,表明全国消费数字化整体发展速度较快。其中,固定宽带端口平均速率排名从第6上升至第1。城(省)域网出口带宽发展最快,排名上升了10位。互联网普及率排名保持不变,其他方面排名略有下降。说明天津市消费数字化各项指标发展相对不均衡。

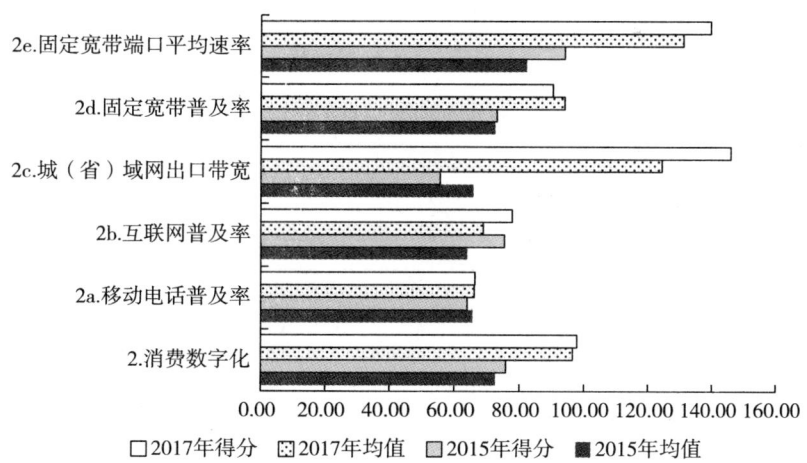

图19-3 天津市消费数字化指数及其分项指数的得分及均值比较

四、流通数字化指数

在流通数字化方面,如图 19-4 所示,天津市流通数字化指数 2015 年得分为 14.28,2017 年得分为 14.52,排名均为第 17。其中,电子商务成长指数进步最大,从排名第 29 上升至第 14。电子商务规模指数、电子商务支撑指数和人均快递量保持稳定,人均快递量得分增加近一倍而排名没有变化,说明全国人均快递量都有大幅度提升。

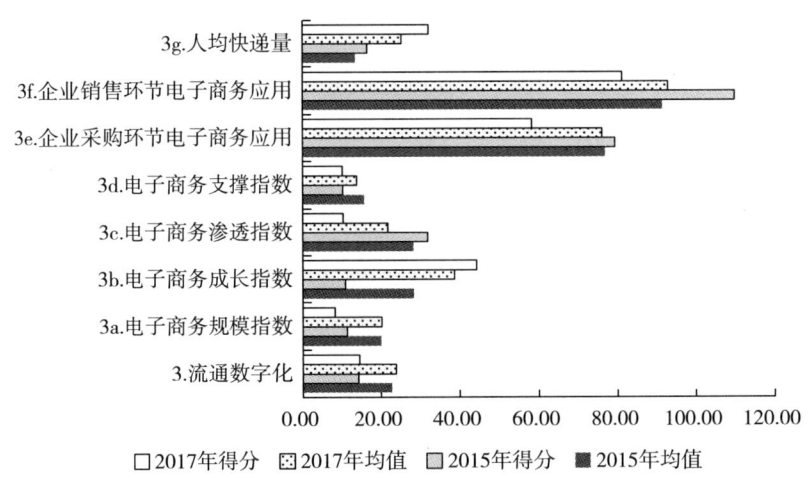

图 19-4　天津市流通数字化指数及其分项指数的得分及均值比较

五、政府数字化指数

在政府数字化方面,如图 19-5 所示,天津市 2015 年政府数字化得分为 79.86,排名第 14;2017 年政府数字化得分为 78.54,排名第 23。其中,波动幅度较大的是服务方式完备度,虽然得分只下降了不到 3 分,但是排名下降了 14 位,说明全国服务方式完备度整体水平显著提升。

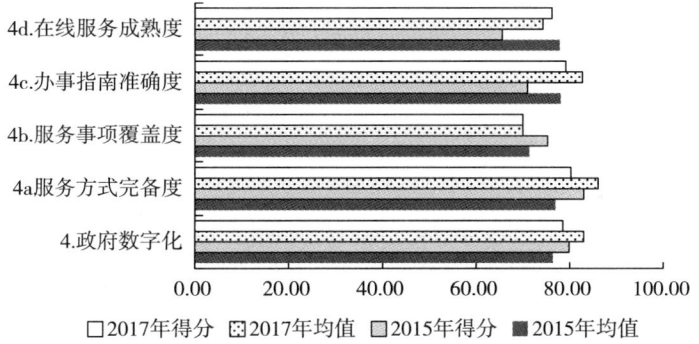

图 19-5 天津市政府数字化指数及其分项指数的得分及均值比较

20　黑龙江省

2015 年		2017 年		两年平均	
得分：53.50	排名：15	得分：59.28	排名：20	得分：56.39	排名：17

一、各指标体系得分及排名

2015 年黑龙江省数字化得分为 53.50，排名第 15；2017 年得分为 59.28 分，排名第 20，相较 2015 年，数字化得分增加了 5.78 分。总体来说，黑龙江省的数字化水平处于中游水平，如表 20-1、图 20-1 所示。在生产数字化方面，黑龙江省的排名处于中上游水平，各项指标排名基本保持稳定，其中，中小企业信息化服务平台数排名相对靠前；在消费数字化方面，黑龙江省排名变化较大，从中游水平下降为中下游水平，其中，固定宽带普及率和固定宽带端口平均速率排名变化幅度较大；在流通数字化方面，黑龙江省排名波动较大，各项指标间发展程度不均衡，其中，企业采购环节电子商务应用和企业销售环节电子商务应用位列前5；在政府数字化方面，黑龙江省排名处于中上游水平，其中，办事指南准确度名列前茅。

表20－1　黑龙江省数字化指数及其分项指数的得分及排名

指标名称	2015年		2017年	
	得分	排名	得分	排名
1. 生产数字化	70.32	12	72.26	12
1a. 企业ERP普及率	68.23	12	68.17	15
1b. 企业MES普及率	76.00	13	92.10	10
1c. 企业PLM普及率	71.47	9	72.55	11
1d. 企业SCM普及率	65.65	11	64.77	14
1e. 企业装备数控化率	55.68	14	56.33	18
1f. 中小企业信息化服务平台数	150.00	7	150.00	7
1g. 重点行业典型企业信息化专项规划	73.17	12	71.78	12
2. 消费数字化	69.26	19	88.22	25
2a. 移动电话普及率	63.24	18	63.33	20
2b. 互联网普及率	58.57	21	64.48	21
2c. 城（省）域网出口带宽	53.27	21	102.95	23
2d. 固定宽带普及率	69.62	16	79.25	28
2e. 固定宽带端口平均速率	78.84	20	134.63	8
3. 流通数字化	11.71	22	8.07	31
3a. 电子商务规模指数	5.21	23	2.92	26
3b. 电子商务成长指数	33.36	11	22.99	25
3c. 电子商务渗透指数	10.55	30	3.17	29
3d. 电子商务支撑指数	7.81	16	6.01	18
3e. 企业采购环节电子商务应用	119.17	3	119.47	4
3f. 企业销售环节电子商务应用	129.11	5	130.25	5
3g. 人均快递量	3.32	20	6.12	23

续表

指标名称	2015 年 得分	2015 年 排名	2017 年 得分	2017 年 排名
4. 政府数字化	81.12	12	87.15	11
4a. 服务方式完备度	82.00	13	91.45	12
4b. 服务事项覆盖度	63.37	22	67.79	16
4c. 办事指南准确度	87.21	7	93.59	3
4d. 在线服务成熟度	99.96	1	68.31	21

生产数字化指数2015年得分70.32，排名第12；2017年得分72.26，排名第12，排名不变。

消费数字化指数2015年得分69.26，排名第19；2017年得分88.22，排名第25，排名下降6位。

流通数字化指数2015年得分11.71，排名第22；2017年得分8.07，排名第31，排名下降9位。

政府数字化指数2015年得分81.12，排名第12；2017年得分87.15，排名第11，排名上升1位。

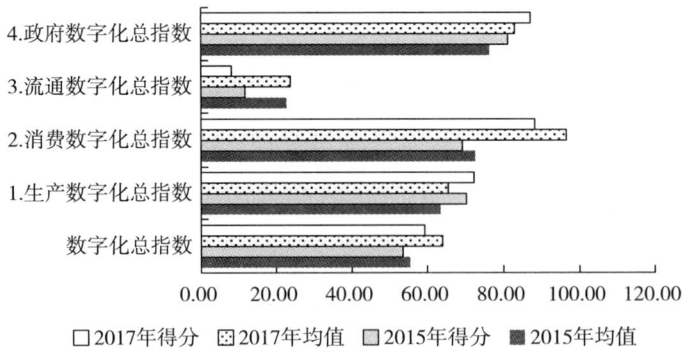

图20-1　黑龙江省数字化指数及其分项指数的得分及均值比较

二、生产数字化指数

在生产数字化方面,如图20-2所示,黑龙江省2015年生产数字化得分为70.32,2017年得分为72.26,排名均为第12,两年得分都比均值高。黑龙江省生产数字化整体发展均衡,各项指标变化较小。其中,中小企业信息化服务平台数和重点行业典型企业信息化专项规划排名保持不变,企业MES普及率排名从第13上升至第10。

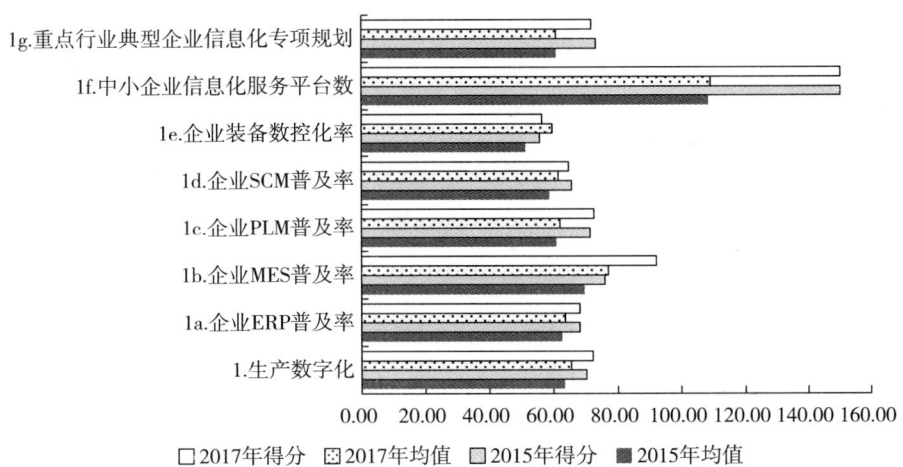

图20-2 黑龙江省生产数字化指数及其分项指数的得分及均值比较

三、消费数字化指数

在消费数字化方面,如图20-3所示,黑龙江省2015年消费数字化得分为69.26,排名第19;2017年得分为88.22,排名第25。两年得分均低于全国平均水平。其中,固定宽带普及率排名从第16下降至第28,而固定宽带端口平均速率得分增加了55.79分,排名从第20上升至第8,进步明显。

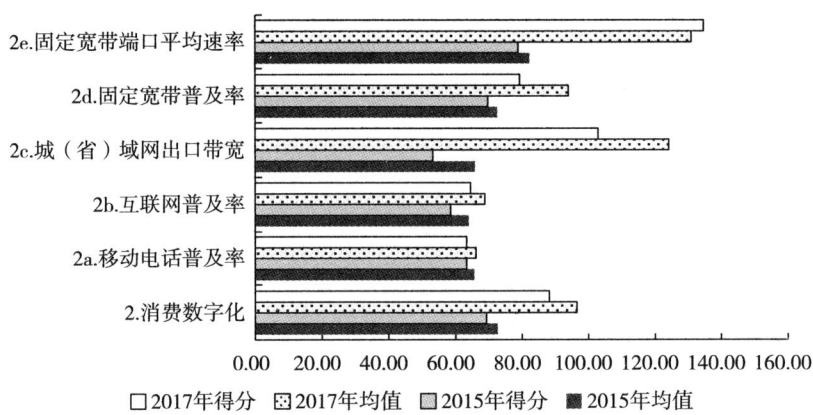

图20-3 黑龙江省消费数字化指数及其分项指数的得分及均值比较

四、流通数字化指数

在流通数字化方面,如图20-4所示,黑龙江省2015年流通数字化得分为11.71,排名第22;2017年得分为8.07,排名第31。流通数字化各项指标间排名差异显著,其中,企业采购环节电子商务应用和企业销售环节电子商务应用一直名列前茅,保持在前5。然而,电子商务渗透指数却一直落后于其他省份,电子商务成长指数排名下降明显,从第11下降至第25。

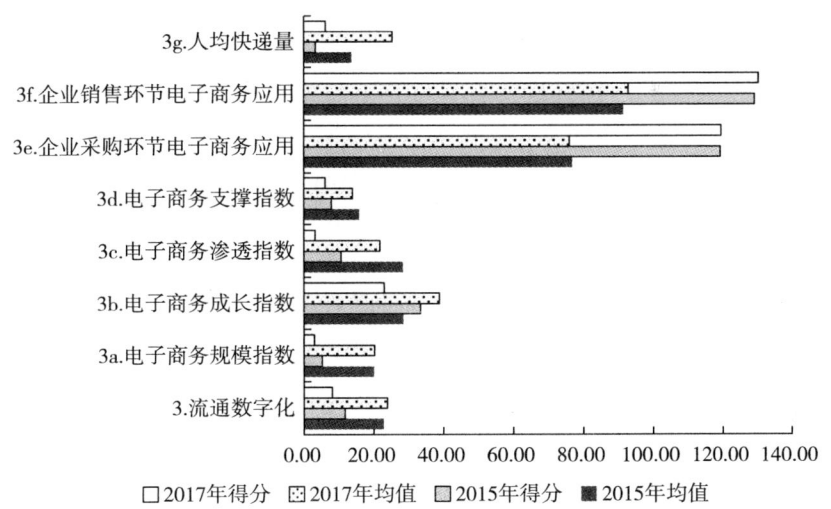

图20-4 黑龙江省流通数字化指数及其分项指数的得分及均值比较

五、政府数字化指数

在政府数字化方面,如图20-5所示,黑龙江省2015年政府数字化得分为81.12,排名第12;2017年得分为87.15,排名第11。其中,在线服务成熟度排名变化最大,得分从99.96下降至68.31,从第1下降至第21。不过,其他方面不仅得分有所提高,排名也有不同程度的提高。

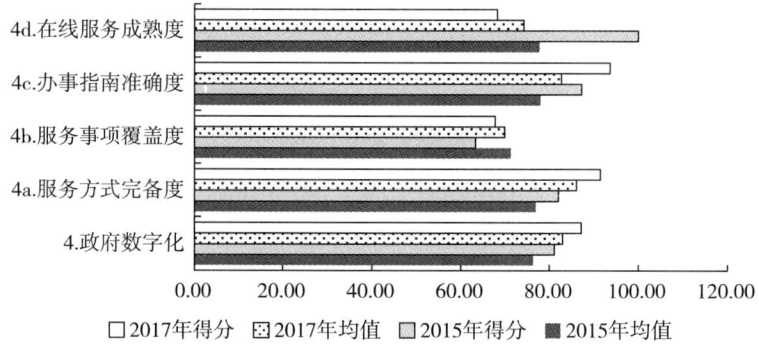

图 20-5　黑龙江省政府数字化指数及其分项指数的得分及均值比较

参考文献

［1］何小钢，梁权熙，王善骝．信息技术、劳动力结构与企业生产率——破解"信息技术生产率悖论"之谜［J］．管理世界，2019，35（9）：65－80．

［2］张三峰，魏下海．信息与通信技术是否降低了企业能源消耗——来自中国制造业企业调查数据的证据［J］．中国工业经济，2019（2）：155－173．

［3］何帆，刘红霞．数字经济视角下实体企业数字化变革的业绩提升效应评估［J］．改革，2019（4）：137－148．

［4］王瑞，董明，侯文皓．制造型企业数字化成熟度评价模型及方法研究［J］．科技管理研究，2019，39（19）：57－64．

［5］腾讯研究院．数字中国指数报告（2019）［EB/OL］．［2019－5－28］．https：//socialome.cn/tencent－research－institute－digital－china－repart－2019/．

［6］杨德明，刘泳文．"互联网＋"为什么加出了业绩［J］．中国工业经济，2018（5）：80－98．

［7］肖利平． "互联网＋"提升了我国装备制造业的全要素生产率吗［J］．经济学家，2018（12）：38－46．

［8］唐杰英．数字化变革下的中国数字经济——基于数字经济边界及测度的视角［J］．对外经贸，2018（9）：49－55．

［9］中国信息通信研究院．G20国家数字经济发展研究报告（2017年）［R］．2018ICT深度观察大型报告会暨白皮书发布会，2017．

［10］程振锋，陈欣，王国成．移动互联网金融业内驱式发展及适应性监管政策研究［J］．首都经济贸易大学学报，2017，19（6）：22－32．

［11］石喜爱，季良玉，程中华． "互联网＋"对中国制造业转型升级影响的实证研究——中国2003～2014年省级面板数据检验［J］．科技进步与对策，2017，34（22）：64－71．

［12］中国信息通信研究院．中国数字经济发展白皮书（2017年）［R］．第十六届中国互联网大会，2017．

［13］戴德宝，范体军，刘小涛．互联网技术发展与当前中国经济发展互动效能分析［J］．中国软科学，2016（8）：184－192．

［14］柳洲． "互联网＋"与产业集群互联网化升级研究［J］．科学学与科学技术管理，2015，36（8）：73－82．

［15］万飞，晏梦灵，任菲．中国移动互联网行业的技术效率、技术进步与生产率增长［J］．经济与管理研究，2015，36（11）：74－80．

［16］中国信息通信研究院．中国信息经济研究报告（2015年）［EB/OL］．［2015－10－9］．http：//www.199it.com/archives/391901.html．

［17］邬晓鸥，李健，韩毅，代洪波．我国城乡数字鸿沟测度指标的构建［J］．图书情报工作，2014，58（19）：53－60．

[18] Erik Brynjolfsson, Lorin M. Hitt. Beyond Computation: Information Technology. Organizational Transformation and Business Perfcrmance [J]. The Journal of Economic Perspectives, 2000, 14 (4): 23-48.

后 记

本书通过对我国各省份的数字化程度进行综合测度评价发现：①我国数字化提升发展趋势明显、领头省份持续进步、发展前景蓬勃；②存在地区两极分化与发展不均衡的现象，其中两极分化现象主要体现在省份间数字化差距较大，发展不均衡现象主要体现在东部数字化水平显著高于中西部，各省份在各分项数字化中的发展不均衡。根据研究结论提出相应的政策建议，包括：①继续大力促进提升我国数字化的发展；②注重数字化的全面发展与其在区域间的平衡发展等。

本书的研究和撰写工作由范合君教授负责，课题组成员包括吴婷、王思雨、杜文含。范合君教授负责对研究进行总体分析与审阅定稿，各篇章的执笔情况是：导论部分执笔人为范合君、吴婷，第4、8、12章执笔人为吴婷，第1、3、5、11、16、19、20章执笔人为王思雨，第2、6、7、9、10、13、14、15、17、18章执笔人为杜文含。

特别感谢教育部高等学校经济与贸易类专业教学指导委员会副主任委员、中国数量经济学会副理事长、北京物资学院党委书记王文举教授，国务院学位办工商管理学科评议组成员、中国企业管理研究会副会长、首都经济贸易大学国际比较管理研究院院长高闯教授,国务院反垄断委员会专家咨询组成员、中国工业经济学会副理事长、北京师范大学经济与工商管理学院院长戚聿东教授,腾讯研究院资深专家、首席经济学顾问吴绪亮博士,他们在百忙之中阅读本书,并为本书撰写了推介。

感谢经济管理出版社张永美副总编为本书出版提供的指导和帮助,感谢范美琴编辑认真细致的编校工作。当然文责自负,不当之处,真诚欢迎读者批评指正。